Un Belén que habla

JAIME SANZ – ANTONIO BASANTA

Un Belén que habla

Segunda edición

EDICIONES RIALP
MADRID

© 2024 *by* Jaime Sanz – Antonio Basanta
© 2024 *by* EDICIONES RIALP, S. A.,
   Manuel Uribe 13-15, 28033 Madrid
   (www.rialp.com)

Primera edición: octubre 2024
Segunda edición: octubre 2024

Preimpresión: www.produccioneditorial.com

ISBN (edición impresa): 978-84-321-6823-9
ISBN (edición digital): 978-84-321-6824-6
ISBN (edición bajo demanda): 978-84-321-6825-3
ISNI: 0000 0001 0725 313X
Depósito legal: M-14946-2024

Impreso en España   *Printed in Spain*

Anzos, S. L. - Fuenlabrada (Madrid)

ÍNDICE

UNA NUEVA DIMENSIÓN

El belén ha sido compañero inseparable de la celebración de la Navidad desde sus primeros tiempos. De los primitivos belenes vivientes a los de nuestros días, su representación ha ido dotándose, siglo tras siglo, de valiosas aportaciones, siempre al servicio de su misión evangelizadora. Tanto es así que, en nuestra modesta opinión, el belén contiene los signos esenciales del mensaje de Jesús de Nazaret, las claves fundamentales de la salvación y los instrumentos que podemos emplear para alcanzar la eternidad.

El propósito de esta obra que tienes en tus manos es ayudarte a descubrir esos signos, que parecen esconderse entre los personajes, complementos y figuras del belén. Y lo hemos querido hacer desde la emoción, el asombro y la sorpresa. Porque en todo belén hay secretos maravillosos que revelan el auténtico sentido de su existencia.

Todo en el belén tiene su razón de ser. Y él está dispuesto a compartirla con nosotros. Da igual lo poco o mucho que previamente podamos conocer, porque su trama se teje de la forma más sencilla y conmovedora. Para que nadie sea ajeno a su mensaje. Para que niños y mayores, podamos hacerlo *nuestro* y disfrutar así de los fascinantes misterios que atesora.

Cuenta C. S. Lewis en las *Crónicas de Narnia* que la niña protagonista del cuento, atravesando un armario, logra adentrarse en un mundo totalmente novedoso. Detrás de esa puerta se ofrece una realidad desconocida que, curiosamente, aunque siempre estaba allí, a su lado, en su propia casa, ella nunca había sido capaz de descubrir. Esta ha sido también nuestra experiencia al adentrarnos en el belén, tratando de ir más allá de lo evidente. Y para ello hemos querido hacer un viaje imaginario. Trasladarnos, como una figurita más, al propio belén, para que muchos de sus componentes nos narren su particular y sugerente historia, haciéndonos eco de las palabras de san Josemaría, quien también se acercaba al Evangelio "como un personaje más". De este modo, en el belén no habrá ya nada distante ni ajeno. Todo se hará cercano, comprensible, pues habremos aprendido a contemplarlo con los ojos del corazón. Y a disfrutar unidos de su candorosa llamada.

Más allá de su sencillez, de su infinita variedad de épocas, autores, estilos, escuelas o procedencia —la evangelización española fue decisiva en su difusión en el mundo—, el belén será siempre una invitación a la reunión, a estar juntos, al encuentro. Y, al mismo tiempo, un ejercicio de contemplación y de oración. Un motivo extraordinario de conexión con la trascendencia. Una verdadera experiencia espiritual. Por ello, en cada tramo de nuestro viaje imaginario a través del belén hemos querido incorporar unos breves comentarios, y ciertas reflexiones de pensadores cristianos, que creemos nos pueden ayudar a profundizar en cada una de las sugerencias metafóricas que el belén contiene.

En cada tramo de nuestro viaje hemos incorporado unos breves comentarios, y ciertas reflexiones de pensadores cristianos. Ambos nos ayudarán a construir ese puente indispensable.

Finalmente, en la última parte de esta obra, proponemos un ejercicio al que hemos llamado *Via Natalis,* con la intención de que ello te ayude a recorrer "tu belén" de la mano del Evangelio, a fortalecer tu compromiso con su mensaje y a darle sentido a todo el ciclo Navideño.

¿Quieres acompañarnos? ¿Te gustaría conocer las historias prodigiosas que en el belén nos cuentan muchas de sus figuras y complementos, su valor metafórico, su sentido trascendente?

Serás bienvenido si decides sumarte. ¿Empezamos?

JUNTO AL RÍO

Ya estamos dentro del belén.

Aquí, en lo más alto, una espesa bruma lo cubre todo, como un cendal casi impenetrable. Apenas un tímido rayo de luz señala el camino por el que, despacio, muy despacio, mi compañero y yo vamos descendiendo, hasta sentir por fin que la niebla empieza a disiparse. Ante nosotros aparecen los primeros perfiles de esta montaña, que no es de roca ni de arena, sino de cartón, de cola, de corcho y de serrín.

Allá abajo, abrazando la falda de la pendiente, descubrimos de pronto el brillo serpenteante de un río minúsculo. Y hacia él nos dirigimos, deseosos de contemplar su curso. Pero, para nuestra sorpresa, cuando ya estamos al pie de una de sus orillas, oímos detrás la voz de alguien que nos saluda con afecto:

—*Buenos días tengan ustedes.*

Nos giramos y la vemos a ella, la primera de las figuritas que encontramos en este belén.

Es joven. Y guapa. Y sonriente. Con su balde a un lado y postrada de rodillas sobre esta ribera mullida de musgo, no deja de introducir en las aguas las ropas que ha traído para limpiar. Es la lavandera.

—*¿Qué, haciendo la colada?* —nos atrevemos a preguntarle.

Y ella, sin detener su labor, nos responde:

—*Sí, que no hay día en el que no haya mucha faena... Así es mi trabajo. Y así es también la vida. Porque, verán, lo que yo hago es mucho más que lavar prendas. Y es que, como todo lo que existe en el belén, soy lo que aparento y, más aún, lo que simbolizo. Para empezar, ¿saben ustedes qué es este río?*

—*Pues el río de papel de plata de un belén.*

—*Exacto. Es eso, pero, por ser del belén, también significa algo mucho más profundo y revelador. Este que ustedes ven aquí es el río de la Vida. El único que nace del manantial del Amor. En él vive el pez principal, que es el protagonista fundamental de los belenes: Jesús de Nazaret. El ICTYS[1], quien, como su acróstico dice, es el Dios Salvador que viene a redimir a todos los hombres. Y por eso, si ustedes siguen su caminar, oirán a muchos cantar uno de los villancicos que más nos agradan. Ese que dice: «Pero mira cómo beben los peces en el río/, pero mira cómo beben / por ver a Dios nacido. / Beben y beben / y vuelven a beber/ los peces en el río / por ver a Dios nacer».*

—*Y ¿quiénes son esos peces que beben y beben y vuelven a beber?*

---

[1] El *ichthys* (del griego ἰχθύς) es un símbolo que consiste en dos arcos que se intersecan, de forma que parece el perfil de un pez a modo de una *vesica piscis* o mandorla horizontal. Fue empleado por los primeros cristianos como un símbolo para manifestar su fe.

—*Pues todos los que, como yo, como ustedes, nunca nos cansaremos de beber el agua redentora de Jesús. Solo ella limpia y sana, porque es el agua del perdón y de la acogida. Así que ya podrán suponer ustedes lo que estoy haciendo.*

Y ella, adivinando entonces nuestra confusión, nos aporta la clave definitiva:

—*Verán, yo, como mujer, soy la representante de la aldea, del pueblo, de la comunidad, que viene a introducir en esta agua purificadora, bautismal, todos nuestros enfrentamientos, todas nuestras disputas, nuestros egoísmos, nuestra codicia, nuestra vanidad, nuestra soberbia...Esa es la función que se me ha asignado en el belén, que desempeño con tanta gratitud como alegría.*

«*En un belén todo es lo que aparenta y, al mismo tiempo, lo que simboliza*», nos decimos ambos. Y, al momento, tenemos la certeza de que la lavandera nos ha hecho el mejor de los regalos. La brújula que nos va a permitir no errar en este viaje y sí saber que un belén es un juego infinito de sugerencias, de analogías, de historias, de arcanos escondidos. Y, sobre todo, un torrente incesante de espiritualidad. Un imbatible instrumento de evangelización. Un contenedor extraordinario del mensaje de Jesús, aquí expresado y sintetizado en toda su potencia.

Por eso un belén hay que aprender a leerlo. A buscar en cada uno de sus detalles las claves de su sentido más genuino. En un belén no hay casi nada casual. Todo obedece a un propósito, que no es otro que volverse herramienta de apostolado. Medio para profundizar en nuestra fe y compromiso. Metáfora deslumbrante, al servicio de su propósito didáctico y doctrinal. Para llevarnos de la oscuridad a la luz. De lo evidente a lo reservado. De lo explícito a lo implícito. Que ya lo dice san Pablo:

«No fijemos nuestra mirada en las cosas visibles, sino en las invisibles, porque las visibles son momentáneas, pero las invisibles son perpetuas» (2 Cor 4,18).

Para disfrutar y entender un belén hay que vivirlo. Rescatar nuestra capacidad de sentir. Acudir al territorio de la emoción y de la ternura. Saber que, cuando estamos ante él, por sencillo o simple que este sea, lo hacemos para participar del mayor acto de Amor que jamás conoció la Humanidad.

—*¿Y todas las figuras de un belén tienen su propia historia?*

—*Desde luego* —nos responde la lavandera—. *Claro que unas son más curiosas que otras, pero como un belén es también alegoría de la propia vida, en él no hay nada que sobre. Ni que falte, si se quiere profundizar en cada uno de sus detalles y personajes. Y, si no, acérquense a quien por allí sube y pídanle que les cuente su relato.*

El agua de este río nos recuerda el que limpió nuestros pecados en el bautismo. ¡Qué agradecidos estamos, Señor, por el regalo de nuestra fe y de ese primer sacramento que nos hace tuyos! Queremos estar siempre cerca de Ti, hacer crecer esa semilla que depositaste en nuestra alma cuando esa agua maravillosa, que ahora vemos correr por el río que estamos contemplando, revestida de tu Gracia, limpió nuestra alma e hizo que fuéramos hijos de Dios. ¡Qué responsabilidad la nuestra: hijos de Dios!

Alma de Cristo, santifícame.
Cuerpo de Cristo, sálvame.
Sangre de Cristo, embriágame.
Agua del costado de Cristo, lávame.
Pasión de Cristo, confórtame. ¡Oh mi buen Jesús, óyeme!
Dentro de tus llagas escóndeme.
No permitas que me aparte de Ti.
Del maligno enemigo defiéndeme.
En la hora de mi muerte llámame.
Y mándame ir a Ti,
para que con tus santos te alabe
por los siglos de los siglos. Amén[2].

---

[2] S. Ignacio de Loyola, *Obras completas*, p. 215.

EL MOLINO

Lo vemos con un saco a la espalda, caminando tan lentamente que nos es fácil suponer la fatiga que tiene que soportar.

—*¿Quiere que le ayudemos?* —le ofrecemos solícitos—. *Ese costal que lleva a sus espaldas debe de pesar lo suyo...*

—*¿Por qué lo dicen? ¿Porque me ven que ando muy despacio?*

Ambos asentimos.

—*No, señores, si voy con tanto cuidado, no es porque la carga sea insufrible, sino porque no quiero que se pierda ni uno solo de sus granos, que pesar, no pesa nada. ¿O es que no conocen ese viejo cantar que dice que "No hay alegría más grande / ni mayor felicidad / que llevar a Dios encima: / es como el aire llevar"?*

—*¿Llevar a Dios encima?...*

—*Pues claro. Yo soy el molinero. Y lo que va conmigo es el trigo con el que voy a fabricar la harina blanca con la que amasar la Sagrada Forma, el Pan Eucarístico. Por eso formo parte del belén. Para recordar a todos que Jesús, en la Comunión, nos da a comer su carne en forma de pan. Él mismo nos lo anunció en la Cena anterior a su Pasión: «Mientras estaban comiendo,*

Jesús tomó un pan y dio gracias a Dios. Luego lo partió, lo dio a sus discípulos y les dijo: "Tomad y comed. Esto es mi cuerpo"».

—*¿Y cómo va a hacer para que el grano se transforme en harina?*

—*Vaya, menuda pregunta... Miren ahí arriba y tendrán la respuesta.*

A su indicación, levantamos la vista y, en efecto, coronando el alcor, lo descubrimos. Con su cuerpo redondo e inmaculado. Con su sombrerete cónico y sus cuatro aspas, como una nueva rosa de los vientos.

—*Este es el molino del belén. Parece uno cualquiera, pero no lo es en absoluto. Guarda un entrañable secreto. Y ese secreto está en sus aspas. Cuando ustedes vean en un belén que un molino está moviendo sus brazos, sepan que significa el paso del tiempo, el rodar incansable de los días. Pero, si permanecen detenidas, entonces estarán ustedes ante uno de los regalos mayores que Dios nos ofrece: la eternidad. Que es lo mismo que decir, su propia persona y dimensión. Por eso hay una antigua adivinanza catequética que dice: «¿Qué es lo que nace / en la harina del molino? ¡El Verbo Divino!».*

Nunca hubiéramos supuesto que detrás de una figura tan sencilla se escondieran claves de semejante trascendencia.

—*Y, por cierto* —continuó—, *si siguen ustedes adelante, a buen seguro que encontrarán a mi complementario. Es el pastor del vino. Lo reconocerán al verle pisando la uva o transportando en odres o*

toneles el fruto de su trabajo. Él, como yo, siempre
está al servicio del mensaje y del recuerdo que nos
conmueve: «Después tomó un cáliz, dio gracias y
se lo dio, diciendo: «Bebed todos de él porque esta
es mi sangre, la sangre de la nueva alianza, que será
derramada por muchos para la remisión de los pecados.
Os digo que ya no beberé más de este fruto de la vid
hasta el día en que beba con vosotros un vino nuevo en
el reino de mi Padre» (*Mt* 26, 26-29).

Y, como estas palabras maravillosas Él las pronunció
en Jerusalén, antes de su oración en el huerto de
Getsemaní, es muy usual que, cerca de donde se ubica
el pastor del vino, en los belenes se planten olivos.
Como recuerdo de aquel momento en el que Jesús
asume el dolor y la tragedia que gobernarán sus
últimos días. Y también, en referencia a la unidad de
la comunidad cristiana con Jesús: «*Como brotes de*
olivo, en torno a tu mesa, Señor, así son los hijos de
la Iglesia». *Pero, esperen un momento: ¿ven aquella*
ladera de ahí?

Ambos miramos entonces en la dirección que el
molinero nos apunta y descubrimos un campo de trigo,
acunándose en el viento de la mañana, como si fuera
un mar de mieses. Y en él, un labrador que siembra y
siega ¡al mismo tiempo!

—*¿Sembrar y segar a la vez?*

Al notar nuestra sorpresa, el molinero se sonríe:

—*Pero ¿ustedes no se han dado cuenta aún de que en*
un belén se unen y concilian todos los contrarios? ¿No
es cierto que, cuando pensamos en un belén, acuden
a nuestra mente infinidad de términos opuestos: el

frío y el calor, el hielo y el fuego, la luz y la oscuridad,
la risa y el llanto, el sueño y el despertar...? ¿Y cuál es
la energía que hace que lo antagónico se funda en una
misma unidad? Pues el Amor. Y no hay personificación
mayor del Amor que el propio Jesús. Insisto: no dejen
de acercarse a aquel trigal ni de pedirle a quien en él
trabaja que les cuente la maravillosa historia que le
sucedió.

Y, después de despedirse, nuestro pequeño molinero,
se marcha cantando:

Si tú quieres comer pan   *San José lo cierne,*
blanco como la azucena,   *María lo amasa,*
en el portal de Belén   *y el Niño Jesús*
la Virgen es panadera.   *lo lleva a la plaza.*

Si la figura del molinero tiene su complementario en
el pastor del vino, al molino le sucede lo propio con
la noria y ese borriquillo que gira y gira incansable,
para que los cangilones saquen el agua del pequeño
riachuelo. Ese girar perpetuo, siempre igual, nunca
distinto, es también, por su mismidad, nueva ausencia
del tiempo cronológico y presencia del tiempo de la
redención, que nos invita de continuo a su concurso.

«¡Bendita perseverancia la del borrico de noria! —
Siempre al mismo paso. Siempre las mismas vueltas.
—Un día y otro: todos iguales. Sin eso, no habría
madurez en los frutos, ni lozanía en el huerto, ni
tendría aromas el jardín»[1].

Sí, el tiempo de la redención sucede ahora, y los
veintiún siglos que median de ayer a hoy no han

---

[1] San Josemaría. *Camino* n. 998.

pasado, están en el presente que voy viviendo. Miro el burrito y contemplo y pienso. Dios es grande; y me veo como el asno, felizmente uncido al palo, al mayal que hará mover el azud, mirando al infinito, pensando en mi vida y soñando con el fruto que esa agua va a producir cuando riegue el huerto. Mi vida será útil, mi trabajo dará fruto. Y Dios me sonríe. Lo vamos a intentar para que nuestra vida no sea estéril y deje poso.

EL CAMPO JUNTO AL MOLINO

La presencia del trigo, del sembrador y el segador en el belén nos llevó de inmediato a un campo semántico inseparable de las enseñanzas de Jesús. Nadie nos lo ha contado mejor que aquella figura que, unas veces sembraba y otras segaba.

—*Cada grano de trigo simboliza a aquellos que hemos recibido la Gracia de la doctrina de Jesús. Él es quien permanentemente siembra con su Palabra, para que nosotros podamos escucharla, seguir sus preceptos, cumplir con sus normas y así ser como la mies que crece erguida hacia el cielo. Él será también quien un día nos recoja, separando el trigo de la cizaña, para llevarnos a su Reino.*

Así que, cuando ustedes vean en el belén la figura de un sembrador o de un segador, sepan que es una analogía del propio Jesús. Y, si contemplan en el belén un trigal poblado de espigas, entiendan que evoca a la comunidad cristiana...Claro que también puede referirse a un hecho que yo mismo viví y que jamás podré olvidar.

Y fue entonces cuando la figura nos narró la historia que nos había anunciado el molinero:

—*Aquel día, no me pregunten ustedes por qué, me había levantado yo con una sensación extraña. Era como si mi corazón presagiara que algo inquietante*

iba a ocurrirme... Pero preferí no darle mayor
importancia y, cargando en mi pollino una fanega
de granos de trigo, me vine aquí, a mi campo, que ya
habían llegado las primeras lluvias y era el tiempo
preciso para la siembra.

En ello estaba, cuando arribaron ante mí una pareja y
su pequeño hijo. Nunca los había visto antes. Así que
les pregunté sus nombres, de dónde venían y a dónde
iban. Y esto fue lo que me contestó quien encabezaba el
grupo: «Buenos días, labrador. Mi nombre es José. Ella
es mi esposa María. Y el Niño que lleva en sus brazos
es nuestro hijo y se llama Jesús. Venimos de la lejana
Belén. Ya llevamos varios días de camino, tratando
de llegar a la tierra de Egipto. Y es que Herodes y sus
soldados nos persiguen, pues quiere acabar con la vida
de nuestro pequeño».

De inmediato, me compadecí de ellos. Y, más aún, cuando
vi que, en la lejanía, se levantaba una densa polvareda. Y
que el suelo empezaba a vibrar con el galopar de decenas
de caballos... «¡Son ellos, los soldados que vienen en
nuestra busca! —escuché que decía alarmada María,
mientras volvía su rostro hacia los surcos en los que
yo había ido depositando las semillas y empezaba a
decir:— Semillas, fuente de vida y de consuelo, apiadaos
de nosotros, protegednos y creced de inmediato como las
más altas de las espigas...».

Y ella aún no había terminado de hablar, cuando
contemplé asombrado que, al instante, de la tierra
nacían y empezaban a elevarse decenas, cientos, miles
de espigas, doradas como el sol, rebosantes de grano.

Luego, la Señora se vino a mí, me dijo algo al
oído, que yo me comprometí a cumplir fielmente

y, después de despedirse, los tres reemprendieron aceleradamente la huida.

Apenas se habían marchado, cuando llegó ante mí el tropel de soldados. Por el rictus de sus rostros, por la violencia de sus ademanes, por el odio en las miradas, no tuve duda alguna de sus intenciones. «¡Campesino! —gritaron—. ¡Acércate, deprisa, que no tenemos tiempo alguno que perder!».

Tembloroso, obedecí y fui hasta ellos.

«Dinos, ¿no has visto pasar por aquí a una pareja y a su pequeño? Venimos siguiendo su rastro desde hace días, porque tenemos órdenes del rey de detenerlos. Y de acabar con la vida del infante que llevan».

Fue en aquel mismo momento cuando recordé todo lo que, casi en secreto, me había dicho María.

«Sí —respondí a los soldados—, me acuerdo muy bien. Claro que los vi. Por aquí pasaron justo el día en que yo estaba sembrando estos campos». «¿Cuando tú estabas sembrando?—me respondió uno de ellos—. Pero si ya están a punto de la cosecha...». «Así es, señores —contesté—. Ustedes mismos pueden verlo. Los meses no pasan en balde...».

Todavía recuerdo su cara de enojo, de inmensa decepción, solo comparable a la alegría que sentí cuando los vi dar media vuelta y desaparecer picando espuelas por el mismo camino por el que habían venido.

Por eso —terminó diciéndonos—, *a veces, cuando en los belenes se muestra un campo lleno de espigas, semiocultas entre ellas podemos encontrar las figuras de la Sagrada Familia camino de Egipto. Para que nunca olvidemos aquel milagro que he tenido el gusto de compartir con ustedes dos. Y ahora, discúlpenme, que la siega no puede esperar. Tengan ustedes un buen día.*

Y claro que lo estamos teniendo. Madre mía, cuántas historias nos están contando que no conocíamos. Y ahora, mejor que nunca, entiendo bien lo que debieron pasar Jesús, María y José cuando huyeron de las terribles garras de Herodes y sus secuaces. Ojalá la semilla de lo que estoy contemplando fructifique también en mi alma, que sólo quiere ser tierra buena donde dé fruto al treinta, al sesenta o al ciento por uno: ¡lo que tú quieras Jesús!

«La mies es mucha y los obreros pocos». Rogamos en ese momento al Señor de la mies que todos, al contemplar el belén, quieran ser también sembradores de paz y de alegría en el mundo, para llenarlo de esperanza.

«Tienen necesidad de esas palabras los pueblos y las naciones del mundo entero. Es necesario que en su conciencia resurja con fuerza lo certeza de que existe Alguien que tiene en sus manos el destino de este mundo que pasa (...). Y este Alguien es Amor (cfr. *1 Jn* 4,76): Él es el único que puede dar plena garantía de las palabras "¡No tengáis miedo!"»[1].

―――――――

[1] S. Juan Pablo II, *Cruzando el umbral de la esperanza*, p. 110.

EL PESCADOR

Atrás hemos dejado el valle por el que discurre ese río que ahora ya sabemos que es Río de Salvación. Como también el imprescindible puente que lo cruza. Porque, en casi todos los cursos fluviales que figuran en la escenografía de un belén, siempre habrá, al menos, uno que los abrace.

Es un nuevo símbolo de Jesús, de su Ejemplo y su Palabra, no en vano solo Él es capaz de llevarnos salvíficamente de una orilla a la otra. De nuestra realidad terrenal a la celestial. Del pecado a la Gracia. De la Muerte a la Vida que nos concede, que es plenitud de luz y color. Por ello, en tantas culturas, el puente por antonomasia es el Arco Iris, señal universal de conexión y de armonía.

Y si alguna vez en un belén, cerca del puente, a la vera de un arroyo, de un río o de un sencillo estanque, veis en él un pescador, como nosotros lo vimos, tratad de mirar, como también nosotros lo hicimos, lo que guarda en su cesta, porque, en no pocas ocasiones, en ella encontraréis exactamente cinco panes y dos peces. Tendréis entonces la certeza de que esa figura del pescador cobra una nueva dimensión; que es un hito más que nos lleva de la mano a la presencia de Jesús. Y a uno de los episodios más trascendentes de su vida.

Después de esto, Jesús se marchó a la otra parte del mar de Galilea (o de Tiberíades). Lo seguía mucha gente, porque habían visto los signos que hacía con los enfermos. Subió Jesús entonces a la montaña y se sentó allí con sus discípulos. Estaba cerca la Pascua, la fiesta de los judíos. Jesús entonces levantó los ojos y, al ver que acudía mucha gente, dice a Felipe:

—¿Con qué compraremos panes para que coman estos? —Lo decía para probarlo, pues bien sabía él lo que iba a hacer. Felipe le contestó:

—Doscientos denarios de pan no bastan para que a cada uno le toque un pedazo.

Uno de sus discípulos, Andrés, el hermano de Simón Pedro, le dice:

—Aquí hay un muchacho que tiene cinco panes de cebada y dos peces; pero ¿qué es eso para tantos?

Jesús dijo:

—Decid a la gente que se siente en el suelo.

Había mucha hierba en aquel sitio. Se sentaron; solo los hombres eran unos cinco mil. Jesús tomó los panes, dijo la acción de gracias y los repartió a los que estaban sentados, y lo mismo todo lo que quisieron del pescado.

Cuando se saciaron, dice a sus discípulos:

—Recoged los pedazos que han sobrado; que nada se pierda.

Los recogieron y llenaron doce canastos con los pedazos de los cinco panes de cebada que sobraron a los que habían comido. La gente entonces, al ver el signo que había hecho, decía:

—*Este es verdaderamente el Profeta que va a venir al mundo.*

Semejante presencia de un pescador y sus capturas también alude en el belén a otro pasaje evangélico fundamental: cuando Jesús concede a sus apóstoles el título de "pescadores de hombres" (*Mateo* 4,12-23). Y, en consecuencia, a todos nosotros y, por mediación de ellos, la Gracia de su Amor.

Todo esto lo supimos de boca del pescador que, además, nos lo contó en apenas un susurro. Porque en su particular tarea, el sosiego y el silencio son esenciales. Como en la oración, para que nada ni nadie pueda perturbar la más excelsa forma de conversación que nosotros podemos desear.

Espero ser yo uno de esos pescadores de hombres. Cuando contemplo la figura del pescador junto al puente, recuerdo la historia que nos contó y miro mi propia vida. Veo entonces tantas oportunidades perdidas, tantos "peces" que han venido junto a mí y que se han marchado luego río abajo, sin pena ni gloria, sin que yo apenas los viera pasar. A partir de ahora no se me escapará ni uno más, para que puedan *morder el anzuelo* de mi caridad y de mi cariño, y a todos los mire con ese mismo amor con que Tú nos miras.

«La llamada de Pedro y de los primeros Apóstoles es obra de la iniciativa gratuita de Dios, a la que responde la libre adhesión del hombre. Este diálogo de amor con el Señor ayuda al ser humano a tomar conciencia de sus límites y, a la vez, del poder de la gracia de Dios, que purifica y renueva la mente y el corazón: "No temas:

desde ahora, serás pescador de hombres". El éxito final de la misión está garantizado por la asistencia divina. Dios es quien lleva todo hacia su pleno cumplimiento. A nosotros se nos pide que confiemos en él y que aceptemos dócilmente su voluntad»[1].

---

[1] S. Juan Pablo II, *Visita pastoral a la parroquia romana del Niño Jesús, en Saccopastore, 8 de febrero de 1998.*

EL POZO Y LA PASTORA
CON EL CÁNTARO

Hoy ha amanecido un día caluroso, de sol radiante. Así que hemos celebrado encontrar en nuestro caminar la presencia de un pozo, en el que, siquiera mínimamente, pretendemos saciar nuestra sed.

Junto a su brocal, hallamos a una mujer portando un tinaja sobre su cabeza: es la popular pastora del cántaro. Y cuando le hemos preguntado por su significado —ya vamos aprendiendo que todo en el belén es búsqueda y hallazgo— ella gentilmente nos lo ha desvelado.

—*El pozo, contenedor de agua y, por tanto, de abundancia y de vida, es exaltación jubilosa de la Virgen, pues nadie como María hizo de su vientre —también cántaro, por analogía— el más tierno receptáculo de Vida verdadera. Fue ella —nos dijo— quien trajo a Jesús al mundo para compartir con nosotros el milagro de la Redención. Por eso Crísipo de Jerusalén, retomando la cita del* Cantar de los Cantares, *la exaltaba de este modo: «Alégrate, pozo del agua siempre viva».*

Pero aquella figurita nos reveló algo más. Y es que, a veces, la presencia del pozo en un belén también nos retrotrae a otro pasaje especialísimo de la vida de Jesús. El de su entrañable encuentro con la samaritana:

Llegó una mujer de Samaria a sacar agua; y Jesús le dijo:

—Dame de beber. (Sus discípulos habían ido a la ciudad a comprar de comer).

La mujer samaritana le dijo:

—¿Cómo tú, siendo judío, me pides a mí de beber, que soy mujer samaritana? Porque judíos y samaritanos no se tratan entre sí.

Respondió Jesús y le dijo:

—Si conocieras el don de Dios, y quién es el que te dice "Dame de beber" tú le pedirías, y él te daría agua viva.

La mujer le contestó:

—Señor, no tienes con qué sacarla, y el pozo es hondo. ¿De dónde, pues, tienes el agua viva? ¿Acaso eres tú mayor que nuestro padre Jacob, que nos dio este pozo, del cual bebieron él, sus hijos y sus ganados?

Respondió Jesús y le dijo:

—Cualquiera que bebiere de esta agua, volverá a tener sed; mas el que bebiere del agua que yo le daré, no tendrá sed jamás; sino que el agua que yo le daré será en él una fuente de agua que salte para vida eterna. La mujer le dijo: Señor, dame esa agua, para que no tenga yo sed, ni venga aquí a sacarla (Juan 4, 7-15).

Luego, la pastora del cántaro nos contó que también en el belén podríamos encontrar varias fuentes. Y que cualesquiera de ellas actúan como nuevo homenaje y exaltación de la Virgen. Porque, si todas las fuentes son signo de pureza y de fecundidad, nadie lo representa mejor que María.

—*Y ¿por qué en un belén hay tantas alusiones a María?*

La pastora nos mira dulcemente y nos dice:

—*Pues porque el belén es también un homenaje continuo a la maternidad. A cuanto ella significa como entrega, como compromiso, como ejemplo de generosidad, de ternura, de afecto. Y a nadie quiso más Jesús que a su propia Madre.*

Según oímos lo que nos cuenta, notamos que ya no hay sed que nos apremie, porque se nos ha regalado el sentido espiritual de las cosas, el vuelo trascendente. Ese que el belén atesora. El que se desvela en la secuencia de un relato que, como el más humilde de los collares, y por ello el más hermoso, va engarzando, una tras otra, cada una de sus cuentas.

También nosotros queremos beber el agua de ese pozo, que quien la bebe nunca más vuelve a tener sed, porque es un agua que nos hace saltar hasta la vida eterna. El pozo de tu Palabra, Señor; el pozo de tus gestos y tus acciones; el pozo de tu vida, empezando por este sin fondo que es el belén y del que estamos disfrutando tanto. Ahora, viendo el contenido de este pasaje en el belén, he podido entender su clave esencial: que esa mujer que le pide de beber a Jesús, soy yo. Y mira que he venido veces a sacar agua de este pozo, el pozo de la eucaristía, el pozo de los sacramentos en los que Jesús me regala la Gracia. ¡Qué bueno eres, mi Jesús!

«Le dice Jesús: Dame de beber. Los discípulos
habían ido a la ciudad a comprar alimentos. La mujer
samaritana le contestó: ¿Cómo tú, siendo judío,
me pides agua a mí que soy samaritana? Los judíos,
en efecto, no tienen buenas relaciones con los
samaritanos (*Jn* 4,7-9). He aquí la prueba de que los
samaritanos eran extranjeros. Los judíos no se sirven
jamás de sus cántaros, y como ella lo llevaba para
sacarla, se extraña de que un judío le pidiese agua, ya
que los judíos no suelen hacerlo. Pero, en realidad,
quien le pedía de beber, tenía sed de la fe de aquella
mujer»[1].

---

[1] S. Agustín, *Comentarios sobre el evangelio de San Juan* 15, 5-6.9-12.

LAS PALMERAS

En esta tarde espléndida de luz, no podemos dejar de admirar su hermosura, su porte único, capaz de llenar de color y de belleza este belén que seguimos recorriendo y que no deja de cautivarnos.

Sí, las vemos por todas partes. En solitario o en grupo. Altas y desafiantes. Torres invencibles cimbreándose con el viento que sin pausa las azota. Dueñas de la sombra, de la frescura y del dulce alimento: son las palmeras, inseparables de todo belén que se precie.

Pues andáis en las palmas,
ángeles santos,
que se duerma mi Niño,
tened los ramos.
Palmas de Belén
que mueven airados
los furiosos vientos
que suenan tanto.
No le hagáis ruido,
corred más paso,
que se duerma mi Niño,
tened los ramos.
(Félix Lope de Vega. Pastores de
Belén)

Recostados a la vera de una de aquellas palmeras, de pronto nos pareció escuchar en el interior de su tronco un fluir de savia que pronto se volvió un murmullo. Y acercando aún más nuestros oídos a la corteza, pudimos escuchar una de las más fascinantes historias que hubiéramos oído jamás.

Una historia que dice así:

Aconteció que, al tercer día de camino, María se sintió fatigada por la canícula del desierto, y, viendo una palmera, le dijo a José:

—Quisiera descansar un poco a la sombra de ella.

José, a toda prisa, la condujo hasta la palmera y la hizo descender del jumento. Y cuando María se sentó, miró hacia la copa de la palmera y la vio llena de frutos, y le dijo a José:

—Me gustaría, si fuera posible, tomar algún fruto de esta palmera.

Pero José le respondió:

—Me admira que digas esto, viendo lo alta que está la palmera, y que pienses comer de sus frutos. A mí me preocupa más la escasez de agua, pues ya se acabó la que llevábamos en los odres y no queda más para saciarnos nosotros y abrevar a los jumentos.

Entonces el Niño Jesús, que plácidamente reposaba en el regazo de su madre, dijo a la palmera:

—Agáchate, árbol, y con tus frutos da algún refrigerio a mi madre.

Y a estas palabras inclinó la palmera su penacho hasta los pies de María, pudiendo así recoger todo el fruto que necesitaban para saciarse. Pero la palmera continuaba en esta posición, esperando que la ordenara erguirse la misma voz que le había ordenado abajarse. Por fin, Jesús le dijo:

—Álzate, palmera, y recobra tu vigor, pues vas a ser compañera de los árboles que pueblan el Jardín de mi

Padre. Y ahora haz que rompa de tus raíces esa vena
de agua escondida en la tierra, para que del manantial
podamos saciarnos.

Al instante se irguió la palmera y empezaron a brotar
de entre sus raíces raudales de agua cristalina, fresca
y dulcísima en extremo. Al ver el hontanar, todos se
llenaron de júbilo y pudieron saciarse juntamente con
los jumentos y demás gente de la comitiva, dando por
ello fervientes gracias a Dios.

Al día siguiente, abandonaron el lugar. Pero, en el
momento de partir, Jesús se volvió hacia la palmera y
le dijo:

—Este privilegio te concedo, palmera, que una de tus
ramas sea transportada por mano de mis ángeles y
plantada en el Paraíso de mi Padre. Y esta bendición
especial te otorgo: que a todos aquellos que hubieren
vencido en un certamen pueda decírsele: «Habéis
llegado hasta la palma de la victoria». ¿No sabéis que
esta palmera que he hecho trasladar al Paraíso está allí
reservada para todos los santos del Edén, lo mismo que
ha estado preparada para vosotros en este desierto?[1].

Sí, allí está, en el Paraíso, tal y como el pequeño Jesús
anunció en el pasaje que acabamos de conocer, y
que corresponde al dramático episodio de la Huida a
Egipto. Por ello sus ramas, abiertas al cielo como dedos
de una mano, son de Victoria. Por ello. sus ramas son
de Justicia y de Hosannas.

---

[1] Esta historia está tomada del capítulo XX del Evangelio del Pseudo-mateo (apócrifo).

Si la palmera pudiera
volverse tan niña, niña
como cuando era una niña
con cintura de pulsera,
para que el Niño la viera.
Si la palmera tuviera
las patas del borriquillo,
las alas de Gabrielillo,
para cuando el Niño quiera

correr, volar a su vera...
Si la palmera supiera
que sus palmas algún día...
Si la palmera supiera
por qué la Virgen María
la mira... Si ella tuviera...
... la palmera.
(Gerardo Diego. Versos Divinos)

Cada vez que vemos una palmera por el camino, mi compañero y yo imaginamos esta escena, y hacemos el gesto de inclinarnos con piedad ante ese Dios nuestro, encerrado en el sagrario por amor. Él nos espera; y pasa junto a nosotros —o pasamos junto a Él, no sé muy bien— en tantos sitios, por tantas calles, en tantos pueblos y ciudades; y siempre está... esperándome con amor.

«Pido ser enterrado junto a un Sagrario, para que mis huesos, después de muerto, como mi lengua y mi pluma en vida, esté siempre diciendo a los que pasen: ¡Ahí está Jesús!, ¡Ahí está! ¡No dejadlo abandonado!»[2].

---

[2] Epitafio en la tumba de san Manuel González en la catedral de Palencia.

UNA LUZ QUE NOS DESLUMBRA: LAS ESTRELLAS

Ya está anocheciendo. Y en el cielo empiezan a aparecer las primeras estrellas, cuando, en nuestro caminar, encontramos la figura de un pastor que mira incesantemente la bóveda celeste, como si en ella quisiera encontrar algo que nosotros somos incapaces de descifrar.

—*Es un cielo maravilloso* —nos atrevemos a decir.

Y él, sin apartar la vista de lo más alto, añade:

—*Y lleno de misterios. Porque en el belén cada una de las estrellas que podemos contemplar nos regala un significado diferente.*

—*¿Y usted cómo lo sabe?* —nos atrevemos a decirle.

—*Pues porque soy el pastor del resplandor, la figura que en el belén se encarga de aclarar el porqué de cada estrella. Si quieren, se lo voy contando, ¿les parece? Empecemos por la primera. ¿La ven allí?*

Y nos señala con el dedo un lucero brillantísimo, con sus cuatro puntas alargadas.

—*Esa es la estrella de Belén, también llamada la Estrella de Jesús, porque, si se fijan bien, parece mostrar la imagen de una cruz. Por eso, en los belenes, siempre suele situarse encima del Portal. Es la estrella del máximo poder, la que más luce de entre todas ellas. Se puede ver tanto de día como de noche, porque representa el Nacimiento de Jesús y el propósito salvador por el que Él nació.*

—¿Y esa otra que tiene cinco puntas?

—Esa es la estrella de los hombres. Si ustedes se colocan levantados, con las piernas separadas y los brazos en cruz, verán que sus pies, manos y cabeza forman una figura de cinco puntas, como cinco son nuestros sentidos y cinco los elementos naturales. En el belén esta estrella acostumbra a situarse cerca de la figura de Jesús, para enfatizar de este modo su generosa voluntad de, sin dejar de ser Dios, haber querido hacerse Hombre. Y como hombre sufrir y padecer. Por eso también las cinco puntas representan los cinco estigmas de la Pasión.

—¿Y ahí terminan las estrellas?

—No, qué va. Todavía nos quedan al menos otras dos que son muy interesantes. Y ambas, muy populares. Primero les cuento algo de la estrella de seis puntas. Es la llamada estrella de David, símbolo por antonomasia del pueblo de Israel. Si está en el belén es para nunca olvidar que Jesús era judío. Pero también por algo que a mí me parece todavía más interesante. Porque los dos triángulos que la forman, uno hacia arriba y otro hacia abajo, señalan la unión entre el plano superior y el plano inferior. Entre el cielo y la Tierra. Es decir, entre Dios y los hombres. Y esa unión perfecta solo Jesús puede encarnarla en toda su potencia.

—¿Y cuál es la última?

—Ah, esa sí que es realmente especial. Es la estrella de ocho puntas, que también se conoce como estrella tartésica. Significa guía, mando, dirección, destino. Y en un belén, en no pocas ocasiones, es la estrella de los Magos, si sumamos las puntas de la cabecera con las de la cola, pues es tradición que esa estrella se simule como un cometa, que va dejando su rastro en el cielo. No hay belén que no la contenga. Que ya lo dice el villancico popular:

Que no quiero sol ni luna
ni farol ni candelita,
que, para alumbrar tu cuna,
basta con tu lucecita,
estrella de mi fortuna.

Sobre tu cunita,
Niño, he visto arder
una farolita
como las del tren.
Como las del tren,
que alumbra con gas,
a la medianoche
y a la "madrugá".

Tu luz por Belén asoma.
Camina, lucero mío,
que un Niño recién "nacío"
tuvo la Blanca Paloma
y brilla más que el rocío.

Sobre tu cunita...

Mi niño tiene un belén
de cartón, corcho y serrín,
con figuras de papel.
Lo que más me gusta a mí
es la estrella de oropel.

Sobre tu cunita...

Esas cuatro son las estrellas principales del belén, las que van aportando su luz significativa a cualquiera de las escenas en las que se encuentren. Aunque en el belén, la luz también tiene otros soportes que merece la pena que conozcan. Yo les aconsejo que traten de averiguarlo. Y, para ello, que vayan hasta ese pastor que ahora está encendiendo a sus pies una pequeña hoguera, porque él vivió algo extraordinario, que puede interesarles mucho.

Antes de continuar, hemos querido detenernos un momento, levantar la vista hacia lo alto y contemplar el firmamento. Hazlo tú también con nosotros, que no hay nada que te lo impida. En el belén no caben los agobios, pues el tiempo en él es infinito y todo se vuelve cordial presente, tan duradero como tú quieras, iluminando ese futuro que es confianza y entrega a Dios. Y nos regala también nuestro pasado, que sigue intacto en nuestra memoria, el de aquellos días de nuestra infancia donde todo era nuevo, ingenuo e ilusionante.

Por ello, ahora me veo como entonces, en mi entrañable belén familiar, con aquella estrella brillante que siempre poníamos coronando el portal y que solo incorporábamos cuando ya todo estaba como queríamos. Cuando el tapiz del musgo reverdecía y habíamos barrido el serrín que, en nuestro ir y venir, se esparcía por todo el cuarto de estar, metiendo siempre lo que no conseguíamos recoger debajo del faldón que cubría la mesa donde instalábamos el belén.

Recuerdo también que alguna vez escuché que la estrella es la vocación.

Esa luz de la vocación no siempre brilla de un modo radiante; a veces, es un tímido resplandor que solo a medida que te acercas va ganando intensidad. Al principio casi ni me daba cuenta de que estaba ahí: no me había fijado. Pero poco a poco iba cogiendo fuerza, brillando más y más radiante, apareciendo en muchos momentos de mi vida.

La cabeza me lleva a esa idea y me doy cuenta de que puedo hacer más. Y me va guiando por el ancho campo de la generosidad y de la entrega.

«Para entrar en el seguimiento de Jesucristo hace falta coraje, hace falta aguante apostólico, sobrellevar sobre los hombros todas las dificultades de la vida cotidiana, todas las dificultades de la predicación del Evangelio»[1].

---

[1] Papa Francisco, *Solo el amor nos puede salvar*, p. 63.

LOS PASTORES DE LA HOGUERA, EXPERTOS EN PLUMAS

Nos fue muy fácil encontrarle. Bastó con seguir el resplandor de la fogata en la que se calentaba. Y dejarnos acompañar por otras dos figuras, hombre y mujer, que llevaban sobre sus hombros un haz de leña. De ellos aprendimos que, cuando en un belén vemos personajes como estos dos pastores, representan metafóricamente el fuego que prende en el hogar. No en vano la palabra "hogar" procede etimológicamente del término latino *focus,* nuestro "fuego" en español. Un fuego, un *fogar-hogar* que, por extensión, significa el valor de la comunidad, de la reunión. Y, sobre todo, de la familia que Jesús, María y José convierten en Sagrada, aportando así una significación especialísima a la unidad familiar.

—*Ya llegamos, Isacio* —oímos que ambos dicen, cuando ya estamos muy próximos a ese pastor que cubre su cuerpo con una capa, en tanto la hoguera en la que se calienta lanza sus tímidos destellos.

—*Venimos con dos caminantes* —añadió la mujer, de nombre Rebeca—. *Están recorriendo el belén y nos han comentado que el pastor del resplandor les ha recomendado que vinieran a conocerte. Para que tú les dijeras eso que nos cuentas cada noche, sin que te canses nunca de hacerlo ni nosotros de escucharlo.*

—Pues... con mucho gusto. Acomódense, señores, y acérquense a este fuego que calienta sin quemar, que se consume sin apagarse jamás.

Eso hacemos. Una vez más, en el belén, los opuestos entrando en juego...

—Porque este fuego es el fuego de Jesús, que ilumina, calienta y da vida. Como aquel de la zarza en el Sinaí, que ardía, pero no se extinguía. Es el fuego del Amor, siempre inagotable. Fuego que es también Luz de Vida, como lo son las estrellas. Y como lo son los seres que se nos aparecieron en aquella noche memorable. Al frente, uno de ellos, a quien Jacobo, Josef y yo mismo —que así, con estos nombres, es como la tradición española nos identifica desde hace siglos—, contemplábamos sorprendidos y medrosos.

Jamás antes habíamos visto nada igual. Y no éramos capaces de explicárnoslo. ¿Por qué se nos aparecía a nosotros si en Israel somos los seres más proscritos y marginados? Si, por no valer, ni siquiera nuestro testimonio sirve en ningún juicio... Más aún: si hasta pastorear se considera uno de los castigos al que a uno le pueden condenar después de haber cometido según qué delito.

Y nuestra sorpresa fue aún mayor, cuando aquel ser de Luz, resplandeciente y bellísimo, nos dijo que nada teníamos que temer. Que lo que venía a participarnos era la mayor de las alegrías, pues nos había nacido el Salvador. El que de verdad venía a redimirnos de todas nuestras miserias, que nada tienen que ver con nuestra pobreza; de nuestras penas, que nada tienen que ver con nuestra humilde condición.

Y eso nos los decía mientras, a su lado, se aparecían otros tantos como él, igual de hermosos, igual de radiantes, desprendiendo un resplandor como nunca habíamos conocido. Una luz que nos llegó hasta el corazón y nos llenó de alegría, de un gozo inexplicable.

Así que no lo dudamos, a pesar de que lo que nos indicaba esa luz fuera tan contrario a lo habitual. Porque, si Aquel a quien íbamos a conocer era un ser tan superior, lo normal era que los primeros que hubieran acudido a su presencia fueran las personas más notables, las más poderosas. Pero, no. Él quiso que lo hiciésemos nosotros. Que no le rodearan túnicas y mantos, sino zamarras. Que no le llevaran los más ricos presentes, sino un poco de leche, un trozo de queso, un tarro de miel o aquella pelliza que ni siquiera habíamos terminado de confeccionar... Y ser Él uno más entre nosotros, que por algo diría de sí mismo que venía a ser el Buen Pastor, aquel que da la vida por sus ovejas. El que no descuida a ninguna de ellas, acudiendo en busca de la descarriada para, cuando la encuentra, cargarla sobre sus hombros y llevarla de nuevo amorosamente al redil. Y por eso también en los belenes es muy común la figura del pastor que lleva una oveja encima. Porque ese es Jesús, del mismo modo que cuantas ovejas le rodean somos todos los que estamos felices de formar parte de su rebaño.

Lo que Isacio nos contaba era cautivador. Incluso los silencios con que jalonaba la narración nos ayudaban a leer desde el corazón todo lo que nos decía. Pero aún nos quedaba por conocer algo que ofrecía la clave fundamental.

—*Por eso, después de que todos nosotros llegamos al Portal y le vimos allí, tal y como se nos había anunciado, envuelto en pañales y reclinado en un pesebre, supimos que recibíamos el mayor de los tesoros. Porque Él también quiso que fuésemos los primeros en ir contando cuanto habíamos contemplado. Para, como los mismos ángeles, ser nosotros mensajeros privilegiados de su llegada. Quizás por ello dice el cantar:*

Los pastores no son hombres
que son ángeles del cielo.
Que, en el Portal de Belén,
ellos fueron los primeros.

Y, cumpliendo lo que Jesús nos pedía, allá que nos fuimos todos, de caserío en caserío, cantando y bailando. Al son de nuestros rabeles, de nuestras zambombas, de nuestros panderos, como aquel de Miriam, la hermana de Moisés, con el que ella, feliz del reencuentro, acudió a recibirle en su descenso del monte Sinaí.

Cantando van los pastores,
cantando van las zagalas.
Cantando van monte abajo
por la veredita blanca.
Un lucerito brillante
les guía con su fulgor.
Y a su alegre luz radiante
entonan esta canción.

Corred, pastorcillos,
alegres marchad
que en Belén el Niño
pronto nacerá.
Tocad las zanfoñas,
zanfoñas tocad.
Que en Belén el Niño
ha nacido ya.

—*Pero, Isacio, aún no les has dicho lo que descubrieron Josef y Jacobo* —comentó Rebeca.

—*No creas que me he olvidado. Es que no quiero cansar a estos señores.*

—*Si nosotros estamos encantados... Y enormemente agradecidos de escucharle.*

—*Pues, ya les cuento, que todavía me asombro al recordarlo: cuando regresamos del Portal, Josef y Jacobo se acercaron al lugar en el que se nos habían aparecido aquellos seres celestiales. ¿Y saben lo que encontraron posado sobre el suelo?*

—*No sé* —respondí yo—. *¿Tal vez la huella de sus pisadas, una cinta de sus vestimentas?*

—*No, algo mucho más inesperado: un montoncito de plumas, que allí habían quedado del revolar de sus alas.*

—¿Plumas de ángeles?

—*Sí, plumas de ángeles, que, al tocarlas, parecían de escarcha, de espuma. Y, cuando mis compañeros cogieron las primeras de ellas, y las miraron a la luz de la luna, que aquella noche era plena y redonda, ocurrió algo extraordinario: ante sus ojos, poco a poco, fue apareciendo el perfil del pequeño y modesto aposento de una de las más humildes casas de la aldea de Nazaret. Y, en su interior, la imagen de la más bella joven, que parecía escuchar y hablar al mismo Ángel que nosotros habíamos contemplado. Él la llamaba por su nombre, María, que en nuestra lengua hebrea quiere decir "escogida de Dios". Y ella a él, Gabriel, que significa "fortaleza de Dios".*

Y, cuando Jacobo y Josef miraron las plumas de las que nacía aquella imagen maravillosa, vieron que una era de paloma, que siempre es símbolo de paz, de reconciliación, como en el pasaje del Diluvio y de Noé. Y que la otra era aún más extraordinaria; se trataba de una pluma de pavo real, que, como ustedes seguramente sabrán, para los cristianos es el ave que simboliza la Resurrección. Aquel sí que era un mensaje insólito, porque vendría a decir que, en el mismo momento del anuncio de la concepción divina de Jesús, se apunta también el de su Resurrección.

—Es realmente asombroso. Como si principio y fin se dieran la mano. El alfa y omega que tantas veces hemos escuchado...

—Deslumbrados y felices por lo que ya habían visto, Josef y Jacobo tomaron otro manojito de plumas, que ellos, como buenos hombres conocedores de la naturaleza, supieron enseguida que eran de águila y de halcón, las aves más veloces de cuantas surcan nuestros cielos. Y, al permitir que el destello de la luna se filtrara entre ellas, sintieron un temblor en sus manos, como de temor o de cautela, en tanto ante sus ojos se presentaba la imagen de san José y de un ángel que le alertaba del peligro que corría la vida de su Hijo y de la necesidad de que dejasen atrás parientes y amigos para huir a Egipto. Enseguida la escena se desvaneció, pero luego el mismo ángel con plumas de halcón y de águila volvió a aparecer para advertir a tres hombres sabios venidos de Oriente, indicándoles que, tras su visita al pequeño Jesús, no volviesen a informar a Herodes del paradero de la criatura. Sí, aquellos eran avisos que no podían demorarse. Y por ello, desde entonces, en los belenes, el ángel que actúa de mensajero en estos pasajes puede llevar en sus alas plumas de las aves que les he contado.

—Claro, claro...

—Pero aún hay más. ¿Desean que continúe?

—Por favor, se lo rogamos.

—Pues solo decirles que, cuando tomaron el siguiente puñadito de plumas, que eran de garza, se les apareció la figura de un varón, que buscaba en el sueño encontrar la clave de sus dudas. Se trataba de san José. De ahí que el Ángel que le visite lleve con frecuencia plumas de aquella ave que tradicionalmente es la portadora de la verdad. Y sepan ustedes que, por ese sufrimiento que José padeció, por esa duda ante la concepción insólita y milagrosa de María, desde entonces él exhibe en su ropa el color morado, que es el color del dolor, de la pena y del arrepentimiento.

—Todo va encontrando su porqué. Como las piezas de un gigantesco rompecabezas que, encajadas unas en otras, ayudan a revelar la imagen definitiva —comento yo, por decir algo con cierta lógica y llenar este nuevo silencio.

—Y ya, para terminar con lo de las plumas, debo comentarles lo que sucedió con las últimas de las que allí había. Lo que de ellas nació, como el más deleitoso de los espejismos, fue exactamente lo mismo que nosotros habíamos contemplado en aquella Noche Santa: el más bello de los bebés, rodeado de un sinfín de ángeles que, como nosotros mismos habíamos escuchado, no dejaban de entonar las más bellas melodías. Por eso sus plumas eran de cisne, que es el ave símbolo de la armonía, la belleza y la fidelidad.

Calló Isacio, y nosotros lo hicimos con él. Porque solo así se podían acomodar tantas maravillas como las que, junto a él y por él, habíamos conocido. Y allí mismo decidimos reposar, seguros de que aquella noche nuestros sueños se poblarían de estrellas, de alas y de ángeles.

¡Qué sensación tan curiosa nos dejó a los dos este parón de nuestro maravilloso viaje por el belén! Cuando lo comentamos, coincidimos en sentimientos idénticos. El primero, de trascendencia. Este mundo no es nuestro, sino de Dios, Rey del Universo. Nosotros, aunque a veces nos creamos los dueños, somos invitados a vivir en Él, nos trae a él cuando quiere, nos da un alma espiritual, y nos llama a su presencia cuando ya hemos podido disfrutar de este mundo lo suficiente.

Y también ambos, al rememorar la historia mágica de las plumas angélicas, no hemos podido dejar de pensar las muchas veces que, en nuestras vidas, de las cosas más comunes surgieron, sin buscarlas, realidades espirituales sublimes, que incluso no alcanzábamos a comprender en su totalidad. Así es como nos habla Dios.

«Cuando un cristiano desempeña con amor lo más intrascendente de las acciones diarias, aquello rebosa de la trascendencia de Dios. Por eso os he repetido, con un repetido martilleo, que la vocación cristiana consiste en hacer endecasílabos de la prosa de cada día. En la línea del horizonte parecen unirse el cielo y la tierra. Pero no, donde de verdad se juntan es en vuestros corazones, cuando vivís santamente la vida ordinaria»[1].

---

[1] S. Josemaría, Homilía en el Campus de la Universidad de Navarra, 8.X.1967, *Amar al mundo apasionadamente*, recogida en *Conversaciones*, n. 116.

LA GITANA DEL BELÉN

Nos despertó de repente el sonar de voces desconocidas. Y, al abrir los ojos, no salimos de nuestro estupor. ¿Dónde estaba el lugar en el que habíamos descansado la noche anterior? ¿Qué había sido de Isacio, de Jacobo, de Josef y de todos los pastores con quienes compartimos historias y duermevela? ¿Qué del fuego en el que nos calentamos? ¿Qué del aprisco y sus balidos que habían acompañado nuestros mejores sueños?

Miramos a nuestro alrededor y no fuimos capaces de reconocer la menor señal de todo aquello. Tan solo, un largo y arenoso camino que ante nosotros se abría y por el que ahora discurrían multitud de personas y animales.

¿Dónde estábamos realmente? ¿Y qué significaba semejante algarabía? Arrieros al frente de sus recuas de mulas y asnos. Carros rebosantes de hierba recién cortada. Atajos de cabras. Piaras de cerdos. Gallinas, pavos, patos y conejos en sus jaulas. Perros ladradores, que no mordedores. Y, trajinando de aquí para allá, un sinfín de personas de todo tipo y condición.

Entre todas ellas distinguimos la figura de una mujer, vestida de mil colores, recogido su pelo bajo un pañuelo de lunares y luciendo en las orejas aretes de oro, que contrastaban con su piel cetrina. Iba por delante de nosotros, dándonos la espalda, pero apenas tomamos la decisión de acercarnos a hablar con ella, sin que aún hubiéramos pronunciado palabra, se detuvo en el camino, se volvió y, mirándonos con sus ojos de azabache, nos saludó diciendo:

—*Buenos días, ¿me estaban ustedes buscando?*

—*Buenos días* —respondimos nosotros—. *Disculpe si la molestamos, pero es que quisiéramos preguntarle...*

—*Ya sé, ya sé... No me digan más, que a mí no me hace falta. ¿O es que aún no saben qué figura del belén soy yo?*

Nosotros éramos incapaces de identificarla.

—*Pues es bien fácil, soy la gitana del belén. Y estoy aquí, como antiguamente lo hacían las figuras de las sibilas, que eran aquellos personajes que tenían capacidades proféticas. Y que, en los belenes clásicos, venían a recordar cada uno de los anuncios que, desde la más remota antigüedad, pronosticaban la venida de ese Mesías que, ahora, en forma del más hermoso bebé, nos acaba de nacer. Y, como de las gitanas siempre se ha dicho que sabemos leer el pasado y el futuro, por eso estoy yo aquí.*

—*¿Usted es capaz de leer el pasado y el futuro?*

—*Pues claro que sí. Por eso sé que ustedes dos llevan tiempo recorriendo este belén, hablando con los que somos sus personajes y aprendiendo muchos de nuestros secretos. Y, por ello también, desde que les he sentido, he podido intuir lo que querían preguntarme, que no es otra cosa que el porqué de este jaleo en el camino. Y el lugar al que todos se dirigen.*

No podíamos salir de nuestro asombro, pues eso era exactamente lo que queríamos indagar.

—*No se preocupen, que se lo voy a decir enseguida. Los que aquí vamos caminamos en dirección al pueblo en el que sucedió —y sigue sucediendo cada día— el gran prodigio. Que un Dios se haga hombre y que quiera vivir como cualquiera de los que aquí estamos. Que por eso dicen las Escrituras: «Y el Verbo se hizo carne y habitó entre nosotros». Todos, más que caminantes, somos peregrinos y nos dirigimos a Belén. A Belén de Efratá. Dos palabras maravillosas que son, a su vez, la más feliz alusión al propio Nacimiento del pequeño Jesús. Porque Belén quiere decir Casa del Pan. Y Efratá, lugar de fecundidad. La Fecundidad de una Virgen, hermosa y pura. El pan de un Dios que siempre nos invita a entrar a su casa. Que no discrimina, que nunca segrega, que jamás divide ni resta, sino que suma y multiplica. No lo duden. Sigan ustedes su camino. Y, si quieren, yo los acompaño. Y les canto una canción para que se les haga más corto el trayecto.*

Y, claro está, nosotros no tuvimos que decirle que sí porque a ella, con su habilidad adivinadora, no le hacía ninguna falta. Y, con una voz preciosa, comenzó enseguida a entonar:

*Ha nacido un churumbel
en una noche lunera.
Tiene planta de calé
y risa cascabelera.*

*San José es de mazapán
y la Virgen de canela.
Y este Niño es un bizcocho,
hecho de azúcar morena.*

*No lo quiero carpintero,
ni tampoco de la fragua,*

*ni gitano canastero,
lo quiero Rey de las almas.*

San José es de mazapán...

*Los gitanos son de bronce
y los payos de hojalata.
Y el chavea del Portal,
mejor que el oro y la plata.*

San José es de mazapán...

Cuando nos despedimos, quisimos entregarle un obsequio, aunque solo fuera por su amabilidad, por su gracia. Así que, mi amigo y yo empezamos a rebuscar en nuestros bolsillos, pero nada encontramos en ellos. ¿O sí? Porque allí, en su fondo, sentimos una sedosa caricia. De inmediato fuimos capaces de averiguar el motivo, tal vez porque nuestra gitana, siempre tan generosa, también nos había regalado parte de su don. Y es que aquella suavidad era quien mejor venía a explicar nuestro último y desconocido viaje, el que mágicamente nos había traído del aprisco de los pastores al camino de Belén. Porque lo que rozábamos con nuestros dedos era la delicada pluma de un ángel.

En la vida, muchas veces nos encontramos con esas personas que —aun sin ellas saberlo— son los instrumentos para anunciarnos a Dios. En medio del trajín, del ir y venir de una parte a otra, corriendo, siempre con prisas, sin reflexión, aparece de pronto alguien que con su comportamiento o su palabra nos dice algo que nos hace pararnos, pensar y levantar el corazón a Dios. Que nos pone en nuestro sitio. Con frecuencia esto sucede en nuestro hogar. Un hijo, un hermano pequeño, un recién nacido que con su inocencia nos enternece, nos aparta del mal y del pecado, y nos hace saborear la miel de la vida con Dios. El corazón se derrite y el alma dulcemente se rinde.

«Las piedras preciosas, introducidas en la miel, se vuelven más relucientes, cada una según su propio color; así también cada uno de nosotros se hace más agradable a Dios en su vocación, cuando la acomoda a la devoción: el gobierno de la familia se hace más amoroso; el amor del marido y de la mujer, más sincero; el servicio del príncipe, más fiel; y todas las ocupaciones, más suaves y amables»[1].

---

[1] S. Francisco de Sales, *Introducción a la vida devota*, Cap. III, p. 3.

EL BELÉN DEL BELÉN

El Belén del belén es también como el Belén de verdad. Recostado mansamente sobre una ladera. Rodeado de rocas y manantíos, que aquí son de escayola y de cristal. Pequeño. Coqueto. Humilde. Sencillo.

En él, también como en el Belén de verdad, la vida palpita en sus calles y plazas, aupada en las azoteas o cobijada bajo sus cañizos y entoldados; tantas veces está fuera del interior de sus casas, como si todo necesitara de amplios horizontes, del encuentro cordial de unos y otros, felizmente contagiados de humanidad y de sentido comunitario.

Este Belén del belén se presenta ante nosotros como un pequeño vergel, tapizado de lentisco, de tomillo y de brezo, todos ellos florecidos, porque la Venida de Jesús supone también el renacimiento de la vida natural al impulso de la espiritual. Por ello, no importa la estación en que se esté —¿acaso el belén tiene estaciones?—, todo en él es explosión de feracidad y colorido.

Rebosan las chumberas de frutos, que, en un belén, hasta las espinas se transforman en Amor. Los almendros se pueblan de sus flores nevadas, y nosotros recordamos que eso mismo fue lo que sucedió en la vara de san José en el pasaje de los Desposorios, no en vano esa es la flor primera de la primavera. (¿Y qué es Jesús, sino la eterna primavera en nuestras vidas?) Las higueras nos regalan sus mejores higos, símbolo siempre de abundancia, de fertilidad. Y se adorna de botones azules el romero.

La Virgen está lavando
y tendiendo en el romero.
Los pajarillos cantando
y el romero floreciendo.

En el Belén del belén hemos conocido a esa figura de la pastora anciana que, abrigada con un manto que cubre sus hombros, lleva su cesta repleta de huevos, señal inequívoca de Vida. A la castañera, siempre tan castiza, que asa el fruto portador del secreto de la virtud. A los pastores y pastoras de la fruta, sean estas manzanas, en recuerdo del pecado original del que la llegada de Jesús ahora nos redime; uvas, en conexión con el vino y el Cuerpo Místico de Jesús; cerezas, reflejo y homenaje a la unión matrimonial porque siempre nacen de dos en dos; granadas, con sus granos púrpuras y apretados, reflejando la exaltación de la amistad, expresión inseparable del Amor; limones, homenaje a la Luz y al Sol espiritual, que es Jesús; o naranjas, tan ligadas a uno de los más bellos romances del cancionero español de Navidad:

Camina la Virgen pura
de Egipto para Belén.
Y, en la mitad del camino,
pide el Niño de beber.
«No pidas agua, mi vida,
no pidas agua, mi bien,
que los ríos vienen turbios
y no se pueden beber».
Allá arriba, en aquel alto
hay un viejo naranjel.
Un ciego lo está cuidando,
ciego que no puede ver.
«Ciego, mi buen cieguecito,
si una naranja me "dié"
para la sed de este Niño
un poquito entretener».
«Coja usted, buena señora,
las que hubiere menester».

La Virgen, como es la Virgen,
no cogía más que tres.
El Niño, como era un niño,
todas las quiere coger.
Todas las que el niño coge
volvían a florecer.
«Tomad, ciego, este pañuelo.
Limpiad los ojos con él».
Y apenas se va la Virgen

el ciego comienza a ver.
«¿Quién será esa señora
que me ha hecho tanto bien?
Si será la Virgen pura
de Egipto para Belén.
¿Quién será esa señora
que me ha hecho tanto bien?
Si serán la Virgen pura
y el glorioso san José».

También hemos sabido del pastor lisiado —«Al anochecer, le llevaron todos los enfermos (...), y toda la ciudad se agolpó a la puerta. Jesús curó a muchos de sus enfermedades...» (*Mc* 1, 32-34)— y del mendigo, que enfatiza la caridad cristiana y, a su vez, nos contiene a todos nosotros, siempre mendigos del perdón y el amor de Dios.

A veces, nos pasa, que a esa figura del belén a la que le falta un brazo, o cojea porque ha perdido uno de sus pies, o lleva la cabeza pegada con *supergen*, la tenemos tanto cariño que no podemos dejar de ponerla cada año. Puede ser un pastor, la castañera, la vendedora de fruta, o la oveja que, en lugar de una pata, nos muestra el alambre desnudo que apenas la sostiene. Esa figura, limitada, imperfecta, soy yo. Y embellece el belén porque hasta el descartado encuentra su sitio en él.

La enfermedad o la vejez anuncian el encuentro maravilloso con el Creador, cada vez más próximo, donde nos encontraremos con un Padre, que, si ha querido que su Hijo naciera de esta manera, demuestra que nos quiere con locura, locura de amor.

«Precisamente, esa admisión sobrenatural del dolor supone, al mismo tiempo, la mayor conquista. Jesús, muriendo en la Cruz, ha vencido la muerte; Dios saca, de la muerte, vida. La actitud de un hijo de Dios no es la de quien se resigna a su trágica desventura, es la satisfacción de quien pregusta ya la victoria. En nombre de ese amor victorioso de Cristo, los cristianos debemos lanzarnos por todos los caminos de la tierra, para ser sembradores de paz y de alegría con nuestra palabra y con nuestras obras»[1].

[1] S. Josemaría, *Es Cristo que pasa*, n. 168.

EL BARRIO DE LOS OFICIOS: LA HILANDERA, EL HERRERO, EL ALFARERO Y EL CARPINTERO

Nadie está ocioso en el belén. Y, menos aún, cuantos ahora contemplamos, que después de abandonar el camino principal y ascender por una empinada y rústica escalinata, hemos llegado a lo que aquí llaman el barrio de los artesanos. Es tan luminoso el día, tan apacible este sol que a todos nos conforta, que muchos laboran a la puerta de sus talleres que suelen ser, además, su propia casa.

Delante de una de ellas, encontramos la figurita de la hilandera que, con el huso en su mano, teje sin cesar el hilo de lana que se va haciendo ovillo para luego convertirse en madeja. Y es ella quien nos cuenta que hilar, desde la más lejana antigüedad, es metáfora del paso de la vida, de ese tejer que va trabando el hilo de las horas, de los días, de los meses, de los años. De ahí las Moiras. De ahí las Parcas...

—*Es verdad* —me dice mi compañero—, *por eso debe ser que, cuando alguien está a punto de morir, seguimos diciendo "le quedaba un hilo de vida"* ...

Y, al escucharle, la hilandera, que es anciana y joven al mismo tiempo, con la belleza que dan los años, nos comenta:

—*Así es, señores. Las hilanderas representan, a un tiempo, vida y muerte. Pero María de Nazaret, con su concepción y su alumbramiento, aún añadió una dimensión nueva al simbolismo, pues su tejer significa también la Gracia del Hijo que ya crece en su vientre... Y no olviden ustedes que, según lo que se dice, ella fue una de las siete jóvenes a quienes fue encomendada la labor de confeccionar con púrpura el velo del Templo. El mismo que se rasgó en el preciso instante en el que Jesús murió en la Cruz[1].*

Luego nos hemos acercado a hablar con la figura del herrero, quien no paraba un instante de golpear sobre la bigornia. Sin abandonar su labor, nos ha saludado amablemente, invitándonos a que nos acercásemos para ver lo que estaba fabricando. Y ha sido entonces cuando nosotros, sin necesidad de mayor explicación, hemos comprendido el sentido de su afán y el simbolismo profético de su tarea: porque sobre el yunque, al golpeteo incesante de su maza, iban cobrando forma tres grandes clavos...

Muy cerca del herrero, hemos podido disfrutar de la labor del alfarero y su prodigiosa habilidad para conseguir dar forma al barro hasta convertirlo en cántaros, ánforas, vasijas, cuencos y platos. Bellísimo símil de nuestras vidas en manos de Dios, que es quien mejor puede limpiar y moldear nuestro barro impuro e informe. De ahí la copla popular:

*Oficio noble y bizarro
de entre todos, el primero,
porque en las artes del barro
Dios fue el primer alfarero
y el hombre, el primer cacharro.*

---

[1] La historia está tomada del capítulo X del *Protoevangelio de Santiago.*

Por fin, cerrando el conjunto de casas que se abrazan entre sí, como si jugaran al corro, arribamos a una humilde morada, en cuyas paredes se acumulan multitud de objetos de la más diversa condición. Ruedas de carro. Lanzas de arado. Puertas, vasares, ventanas, celosías. Y, arracimados unos sobre otros, largos listones de roble, de cedro, de olmo, de sicomoro...

Nada más aproximarnos, mientras llega a nuestros oídos el sonido inconfundible de una sierra, descubrimos la figura del carpintero. Él ha debido de percibir nuestra presencia, porque detiene su labor, sacude el serrín de la ropa ocre que le cubre y se viene hacia nosotros.

—*Buenas tardes, caballeros. Disculpen el desorden, pero ya saben cómo es este trabajo... Déjenme que les acerque algo para que puedan sentarse.*

Y así lo hace, en tanto nosotros nos deleitamos con el olor embriagador de la madera recién cortada.

—*Miren. Están ustedes en el antiguo taller de José de Nazaret. Aquí, él y su familia pasaron un par de años, antes de que, por salvar la vida de su Hijo, y la suya propia, se vieran obligados a marchar a Egipto. Yo, en aquel tiempo, trabajé con él como aprendiz. Y les aseguro que de tan excepcional persona recibí no solo los rudimentos más útiles para mi oficio, sino las mejores lecciones para la Vida.*

No he conocido a nadie tan justo y tan bondadoso. Tan amante de su esposa. Tan lleno de amor por su Hijo. Fue él quien me dijo que ser carpintero era también responder a la misión que Dios había querido encomendarle. Para que fuera "carpintero de Jesús". Porque, al igual que los carpinteros damos forma a la madera, José, en su papel de educador principal, tal y como prescribía la Ley, formó a su Hijo, que hasta en eso Él, sin necesitarlo, quiso ser Hombre. Y siempre José lo hizo con el mayor de los afectos. Sin imposición. Sin engreimiento. Con paciencia y constancia. Como quien comparte lo poco o mucho que uno tiene. Que eso también lo aprendí del bueno de José: saber que no hay mayor felicidad que la de hacer de otros lo que a nosotros pertenece. Por eso vivo con tanto orgullo este oficio que, al ser el de tan santo varón, nos hace grandes también a todos los que lo practicamos.

Con la evocación de san José, dejamos atrás al barrio de los artesanos, en busca nuevamente del camino principal. Y, a nuestro paso, aquí y allá, encontramos niños y más niños, que no hay belén en el que la presencia de ellos no sea insustituible. Con sus juegos, con su alborozo, con su energía. Si la alegría es siempre inseparable del belén, ellos son los que mejor la simbolizan e interpretan. Y, al verlos, nosotros no podemos dejar de recordar que allá donde haya niños, allá está Jesús, quien deseó venir a la tierra como niño. Y que siempre los quiso junto a Él. «*Entonces le presentaron unos niños para que les impusiera las manos y rezase por ellos. Los discípulos los regañaban, pero Jesús dijo:*

—Dejad que los niños vengan a mí y no se lo impidáis, porque el reino de los cielos es de los que son como ellos» (Mt 19, 13-14).

A los dos viajeros nos llama la atención la concentración que ponen todos los artesanos en su tarea, su amable acogida para con nosotros. Nos atienden con gusto, con una sonrisa. Se nota que disfrutan laborando. Y de ellos aprendemos que el trabajo es una fuente de satisfacción muy grande, porque, cuando lo hacemos bien, servimos a los demás y nos encontramos con Dios al ofrecerle esa satisfacción. A veces nos cuesta lograr lo que pretendemos. Pero, cuando todo encaja después de tanto esfuerzo... ¡qué alegrón!

Me cuenta mi amigo que le ha impresionado lo que nos dijo el alfarero, que Dios va modelando en cada uno de nosotros la imagen de Cristo. He ahí nuestro modelo. Y nuestra mejor tarea: amarle como Él nos ha amado. Escucharle siempre. Hablarle siempre. Si me dejase hacer y moldear por Él, si yo no fuese de un barro tan adusto, tan terco...

«La actividad laboral debe contribuir al verdadero bien de la humanidad, permitiendo "al hombre individual y socialmente cultivar y realizar plenamente su vocación" (*Gaudium et spes*, 35). Para que esto suceda no basta la preparación técnica y profesional, por lo demás necesaria; ni siquiera es suficiente la creación de un orden social justo y atento al bien de todos. Es preciso vivir una espiritualidad que ayude a los creyentes a santificarse a través de su trabajo, imitando a san José, que cada día debió proveer con sus manos a las necesidades de la Sagrada Familia, y por eso la Iglesia lo propone como patrono de los trabajadores. Su testimonio muestra que el hombre es sujeto y protagonista del trabajo»[2].

---

[2] Benedicto XVI, *Homilía en la fiesta de San José*, 19.III.2006.

EL CARRETERO, LA POSADA Y EL PASTOR DEL ROMANCE

Ya estamos de nuevo en ruta. Y, hace un rato, se nos ha unido la figura del carretero que, descendiendo de su pescante, se ha venido a nuestra vera, para cantarnos y contarnos que, por aquel mismo camino, él había visto llegar a Belén a María encinta y a José.

Hacia Belén caminaba
Señora Virgen María.
Y el bueno de san José
marchaba en su compañía.
Jornadita de Belén
con gusto te abrigaría
que va cayendo la nieve
y está la Noche muy fría.

«Aprisa, señor José,
tire de la borriquilla,
que va a nacer en Belén
la más grande maravilla».
Iban solitos los dos,
ninguno se entretenía.
Hablando cosas de Dios,
pasan la noche y el día.

—*Tenían que haberles visto ustedes. Tan discretos. Tan cordiales. Deseando arribar a Belén, para cumplir todo aquello a lo que el Edicto nos obligaba. Y allá por donde pasaba María, el campo iba pespunteándose de lirios, que es la flor que a ella mejor la representa, porque, con su blancura, alude a la permanente pureza de su persona.*

Cuando llegaron a Belén, y después de completar el trámite del empadronamiento, para encontrar albergue se dirigieron a esa posada que ustedes ahora ven aquí delante. Pero, en ella, no les quisieron acoger. ¿Por qué, se preguntarán ustedes? Pues,

por su humilde aspecto. Y porque María mostraba
que su embarazo estaba ya a punto del parto. ¿Para
qué meterse en problemas cuando, además, a buen
seguro, aquella pareja no tendría dinero para pagar el
alojamiento?

Yo andaba descargando en mi casa, que está justo al
lado, y por eso pude ver la tristeza y el dolor en el rostro
de José. Su porfiar porque su esposa no descubriera el
llanto que él apenas podía contener. Y las palabras de
amor y de consuelo de ella:

—No te apures, dulce esposo
—dice la Virgen María—,
que, si otra cosa no hallamos,
aquel Portal bastaría.

—Cuando la pareja se marchó, yo no pude contener
mi enojo. Me fui a buscar al posadero y le dije lo que
merecía. No se crean que me hizo ningún caso. El muy
miserable siguió en sus trece, en su soberbia y en su
egoísmo. Pero pronto, muy pronto, tuvo el castigo que
merecía. Eso me lo contó uno de mis mejores amigos, el
pastor del romance. ¿Quieren que les diga lo que pasó?

—Nos encantaría conocerlo.

—Pues lo que ocurrió fue que, a partir de aquel mismo
día, nadie más acudió allí a solicitar alojamiento. El
avaro del posadero siguió abriendo las puertas de su
negocio cada mañana, pero ninguna persona entró
jamás a solicitar sus servicios. Él, al principio, no le
dio mayor importancia. Pero, cuando nada cambió
en los días siguientes, cuando todo continuó siendo
igual durante semanas y meses, un día descubrimos
que había desaparecido, sin que, desde su marcha,

*sepamos dónde se encuentra. Y ahí tienen ustedes
la posada, cerrada a cal y canto. Tan cerrada como
estuvo el corazón del posadero aquella tarde que
marcó su vida para siempre. Por eso el pastor del
romance lo cuenta de esta manera:*

*Yo te recuerdo siempre en este día,
entre esta nieve de la noche blanca,
y me digo de ti, que no sé cómo
no abriste aquella noche la posada.
Mujer y hombre había y tú los viste.
Y oíste la humildad con que te hablaban:
—Que no por mí, por ella, que de tanto
camino, caminar está cansada.
La luz de tu candil ¿era tan débil
que el viento de diciembre la apagaba?
¿Es posible que no te dieras cuenta
que tenían las sienes coronadas?
Yo te recuerdo siempre entre la lluvia,
entre la nieve de la noche blanca.
Y no acierto a saber por qué cerraste
al Niño-Dios las puertas de tu casa.
Porque estarás llorando todavía,
porque no tendrás paz nunca en tu alma
te lloro, porque estamos como entonces
en Nochebuena y yo te tengo lástima.
Hoy tendrías un cielo que tendría
entre estrellas y nubes tu posada,
tal aquellos tres magos sus palacios,
como aquellos pastores sus cabañas,
como tiene aquel ciego del romance
un cielo todo lleno de naranjas.
(Antonio Murciano. Baladilla
      del posadero de Belén.)*

*—Y, hablando de posadas, ¿tienen ustedes algún lugar
donde pasar la noche?*

—*No, la verdad, pero por nosotros no se preocupe. Ya encontraremos algo.*

—*Pues, no se hable más. Si les parece bien, se vienen conmigo a casa, con mi mujer y mis hijos, que donde caben cuatro caben seis. ¿O es que no recuerdan ustedes lo que Jesús de Nazaret nos dijo:*

«Porque tuve hambre y me disteis de comer, tuve sed y me disteis de beber, fui emigrante y me acogisteis, estuve desnudo y me vestisteis, enfermo y me visitasteis, preso y fuisteis a estar conmigo.

Entonces los justos le responderán:

—Señor, ¿cuándo te vimos hambriento y te alimentamos, sediento y te dimos de beber? ¿Y cuándo te vimos emigrante y te acogimos, o desnudo y te vestimos? ¿Cuándo te vimos enfermo o en la cárcel y fuimos a verte?

Y el Señor les dirá:

—Os aseguro que cuando lo hicisteis con uno de estos mis hermanos más pequeños, conmigo lo hicisteis» (Mt 25, 35-40).

—*Muchas gracias por acogernos en vuestro hogar. ¡Menuda suerte la nuestra!*

—*No podía ser de otra manera —nos responde el carretero, con una sonrisa cómplice—. ¿No saben ustedes que en un belén las ruedas del carro simbolizan la rueda de la Fortuna, siempre buena si va camino del Amor, siempre mala si lo hace en su contra?*

No dejamos de aprender cosas nuevas. Y los dos, aunque no lo comentemos entre nosotros, hemos hecho el propósito de abrirnos a Dios y a los demás por Jesús. Para que nunca cerremos la puerta de nuestro corazón a nadie que nos pida alojarse en él. Me comenta mi compañero que muchas veces ha tenido la sensación de que ha negado su *posada* a gente que buscaba cariño y hogar. Por miedo, por insolidaridad, por estar ocupado en otras cosas y no recordar que acoger es deber y mandato de Jesús. ¡A mí me pasa lo mismo! Pero siempre hay tiempo para rectificar. Para arrepentirse y buscar el perdón que solo Él nos regala a manos llenas.

«No me aparto de la verdad más rigurosa, si os digo que Jesús sigue buscando ahora posada en nuestro corazón. Hemos de pedirle perdón por nuestra ceguera personal, por nuestra ingratitud. Hemos de pedirle la Gracia de no cerrarle nunca más la puerta de nuestras almas»[1].

---

[1] San Josemaría, *Es Cristo que pasa*, n. 19.

EL PALACIO DE HERODES Y LOS REYES MAGOS

Antorchas llameantes por todos lados. Grandes braseros, de ascuas incandescentes. Espesos y lujosos cortinones que cubren las altas paredes de piedra. Y, sin embargo, aquí el frío es implacable.

Al fondo de la sala, con pasos inquietos, alguien se ha levantado y pugna por colocar correctamente la corona de oro y rubíes que de continuo resbala por su frente, como si viniera a decir que aquella no es cabeza para lucirla.

Hay una atmósfera de inquietud y de angustia. De temores presentidos. De infaustos augurios.

De pronto, retumba en la estancia el eco de un sonido imperioso. Uno de los soldados se dirige apresuradamente hacia la puerta que cierra el recinto y, con no poco esfuerzo, consigue abrir una de sus enormes hojas. Entonces distinguimos la figura del chambelán que, servil y ceremonioso, penetra en la sala, mientras a su espalda aguardan tres exóticos personajes.

—*Majestad, con su venia, y cumpliendo sus indicaciones, he conducido hasta su Alteza Real a los tres extranjeros que han solicitado audiencia. Dicen venir de muy lejos y querer compartir con su soberana persona una noticia importantísima que, según afirman, solo su majestad puede corroborar o refutar.*

—*Vamos, déjate de cortesías y tráelos ya a mi presencia.*

—*Señores, pasen a conocer al rey de Judea, Galilea, Samaria e Idumea: Herodes I el Grande.*

En este preciso instante, el salón en el que hasta ahora estábamos se desvanece y, en su lugar y para nuestro asombro, nos vemos de repente en el interior de una de las torres del castillo, donde Herodes deambula furioso, iracundo, con los ojos inyectados en sangre. De un golpe violento, aparta cuantos documentos sus consejeros le han ido mostrando. Y grita, grita con la rabia del tirano que teme perder su despótico poder.

—*¡¡¿Dónde están?!! ¡¡ Contestadme!! ¡¡¿Dónde están?!! ¡¡¡No pueden haber desaparecido sin más!!! Os ordené que los siguierais, que no perdierais en ningún momento su rastro. Ellos y yo habíamos acordado que vendrían a verme cuando hubieran encontrado a ese recién nacido que dicen los viejos textos que será el nuevo rey de estas tierras. Que me indicarían dónde vivía... ¿Y ahora me venís con que no sabéis su paradero? Capitán, ¿cómo me puede explicar que no hayan sido capaces de encontrarles?*

—*Majestad, le ruego que nos perdone. Le aseguro que los hemos buscado por todas partes. Muchos dicen haberlos visto, pero nadie ha podido precisarnos a qué lugar exacto de Belén acudieron. Y luego han desaparecido. Lo único en lo que todos coinciden es que ese Niño, al que llaman Jesús, no tendrá ahora más de dos años.*

—*Pues lo que no ha podido vuestra torpeza, lo podrá vuestra espada.*

¿Pero qué hacemos ahora aquí, en un nuevo lugar desconocido? ¿Dónde ha quedado la torre? ¿Dónde el rey? ¿Y qué significan estos alaridos de dolor que escuchamos, este horror que nos estremece? Padres y madres, con el corazón roto. Ríos de sangre derramada. Decenas de niños inocentes yaciendo inertes sobre el suelo. Y un sufrir desgarrador, inhumano, vanamente suplicante...

Amapolas de Belén   *Soldadito, soldadito,*
hoy de sangre se han teñido.   *no le quite usted la vida,*
Porque Herodes, el cruel,   *que es un pobre huerfanito*
ha degollado a mi niño.   *de una mujer que fue mía.*

—¡¡¡¡No, no!!!! —grito yo, mientras, horrorizado, me incorporo súbitamente en mi camastro.

Y, junto a mí, como si fuera el mismo eco de mi voz, escucho la de mi compañero, con quien he compartido aposento esta noche en casa del carretero.

—¡¡¡¡ No, nooooooo!!!!!

Los dos hemos tenido el mismo sueño, la misma horrible pesadilla. ¿O no era tal, y sí la imagen de algo real, que ahora también se hacía presente en el belén?

Alarmado por nuestros gritos, ha acudido el carretero. Y trata de calmarnos, mientras nosotros, con la voz entrecortada, le narramos el pavor de lo soñado.

—No —nos dice—, *por desgracia, señores, lo que me cuentan no es solo una pesadilla. Todo el horror que han visto y sentido sucedió en Belén, como tantas otras veces ocurre a quienes, sin tener la menor culpa, son víctimas del poder malvado y asesino de quienes mandan. Sí, señores, el belén también recoge el sufrimiento, de igual manera a como quiso soportarlo el propio Jesús. Por ser el belén en sí mismo la vida, también en él se muestran sus luces y sus sombras, sus penas y sus alegrías. Pero, traten de sosegarse. Y, si les parece, bajen ahora conmigo, que hay alguien que quiere saludarles. Una figurita de la que ya les he hablado, pero a la que aún no han podido conocer personalmente.*

Y así ha sido como nosotros hemos podido conversar con el pastor del romance, quien, por ser músico y poeta, fue acogido en el cortejo de los Magos y con ellos vivir cuanto ellos vivieron. Nadie mejor que él para revelarnos los secretos más preciados de aquellos Reyes que Herodes vituperaba en su cólera.

—Eran tres, como tres son las edades del hombre en ellos representados: la ancianidad, la adultez y la juventud. Y por ello, en señal de respeto, en España los nombramos siempre en idéntico orden: primero a Melchor, que es el monarca de más edad; después a Gaspar, el hombre maduro; y, por último, a Baltasar, el más joven de todos, que no siempre fue figura con trazas africanas.

Tres eran también porque ese es el número de dones que presentaron ante Jesús: el oro, como rey; la mirra, como inmortal; y el incienso, como Dios. Dones que, ante el pequeño Jesús, por su divinidad sagrada, pasaron de ser presentes a ofrendas.

Y tres las cabalgaduras sobre las que montaban, siguiendo la tradición medieval. Una de color blanco, que es la de Melchor, por representar al continente europeo; otra de tono cobrizo, por ser la que corresponde a Gaspar y el continente asiático. Y negra la de Baltasar, ese rey que representa a África y que es el predilecto de los niños españoles.

—*¿Y es verdad que finalmente llegaron a encontrar al Niño?* —le preguntamos.

—*Ya lo creo que lo encontraron. Al salir de su reunión con Herodes, la estrella que, por prudencia también se había ocultado, les siguió guiando, hasta permitirles alcanzar el destino que parecería estar predestinado en cada uno de sus nombres, pues Melchor significa "rey de la luz", Gaspar, "el portador de tesoros" y Baltasar, "Dios protege al rey". Hallaron a Jesús en la humilde casa en la que ahora habitaba la familia. Y, con solo contemplarle, su felicidad fue completa.*

Luego, avisados por un ángel de las perversas intenciones de Herodes y temiendo por el Niño y sus personas, decidieron renunciar a reencontrarse con el tirano y abandonaron Belén para regresar a los lugares de donde habían venido.

—*Pero ¿de dónde procedía cada rey?*

—*Pues, como soy el pastor del romance, se lo voy a responder recitándoles unos versos ...*

*En el Portal
los tres están.
¡Vaya riqueza,
cuánta nobleza,
qué majestad!
De Persia viene a caballo
y es sabio en astrología.
Su nombre, Melchor el Mago,
y va a adorar al Mesías,*

*aunque son muchos sus años.
El príncipe de Caldea,
con un tropel de camellos,
lleva el rumbo de Judea,
atado a un astro de fuego.
Gaspar su testigo sea.
Arabia dio a Baltasar
color de noche morena.
Sobre su jaca agarena,*

la estrella siguiendo va,
señor de vientos y arenas.
En el Portal
los tres están.

¡Vaya riqueza,
cuánta nobleza,
qué majestad!

Ver a un niño sufrir, y no te digo nada morir, nos deja rotos de dolor, sobrecogidos, rehenes de angustia. Nos acordamos entonces de todos los que, como ellos, son víctimas de nuestra violencia, de nuestra injusticia. Y de esos niños inocentes que mueren en el seno de sus madres, que nunca podrán ver la luz por el egoísmo de algunos y el miedo de otros. Por la perfidia que se disfraza de crueldad despiadada. ¡Cuánto dolor produce el mal! ¡Cuántas lágrimas se derraman por culpa de nuestros pecados!

Y le cuento a mi compañero que, estando un día en una iglesia de una ciudad lejana, escuché un llanto desgarrador. Fui a buscar a la persona de la que procedían esos gemidos, que me dijo con pena que se le acababa de morir su perro. Traté de consolarla como pude y, cuando pensé que lo había logrado, me contó con lágrimas de profundo desconsuelo que lo que nunca se había perdonado era haber abortado a su hijo. Yo sentí el desgarro de su alma y le hablé del perdón de Dios que es más grande que nuestro pecado y que debía perdonarse a sí misma, porque Dios ya lo había hecho con ella.

Dios es infinitamente misericordioso y perdona todas nuestras culpas cuando, humilde y sinceramente, se lo pedimos. Perdona nuestras ofensas como también nosotros perdonamos a los que nos ofenden.

«Nosotros pedimos perdón a Dios humildemente y rogamos también a los hermanos que se sientan ofendidos por nosotros que nos excusen. Por nuestra parte, estamos dispuestos a perdonar las ofensas de las que la Iglesia católica ha sido objeto y a olvidar el dolor que le ha producido la larga serie de disensiones y separaciones»[1].

---

[1] S. Pablo VI, Discurso de apertura de la segunda sesión del Concilio Vaticano II, 29 de septiembre de 1963.

Y LLEGAMOS AL PORTAL

¡El Portal! Por fin el lugar soñado, tantas veces nombrado, tantas veces ansiado. La etapa postrera de nuestro mágico errar.

Más allá de la última de las casas, donde ya Belén vuelve a abrirse al campo y a la montaña, lo hemos encontrado. Apenas una oquedad en el roquedo. Profunda, callada y oscura. Pero, según nuestro corazón comenzaba a palpitar como nunca lo había hecho, una tenue claridad, como la de una vela, empezó a parpadear en el fondo de la gruta. Y hasta nosotros llegó una voz desconocida, que nos dijo:

—*Bien llegados seáis, señores, a mí que unas veces soy cueva, gruta, otras, establo, otras, vestigio de viejos templos, pero siempre Portal: por ser antesala de lo más grande, cobijo del acto de Amor más sublime, albergue y refugio de Salvación.*

Como Quien ha nacido aquí es centro de la Tierra y del Universo, soy cueva y gruta porque solo en lo profundo, en lo más íntimo y oculto, habita el Principio del Principio.

Como Quien ha nacido aquí lo ha hecho para todos los hombres, y muy en especial para los que más sufren y padecen, soy establo, que únicamente desde la humildad y la sencillez se alcanza lo más alto.

Y como Quien aquí ha nacido es unión de todo lo anterior y faro de cuanto viene, soy ruina y vestigio, porque Él también, con su ejemplo, con su Palabra, estará por encima de todos los Tiempos, establecerá el código imperecedero, superará las viejas convenciones y, al impulso de su Amor, nos pondrá en la única senda donde la Vida encuentra su motivo.

No salimos de nuestro asombro.

—Pero no teman, pasen, pasen, que como canta el viejo villancico, dentro les aguarda "la más grande maravilla".

Penetramos al recinto y, para nuestra sorpresa, nada nos resulta desconocido. Porque ha sido trasponer la abertura y en nuestra mente hemos visto surgir las manos de nuestros padres —nosotros aún éramos muy niños—, cuando, al acercarse la Navidad, sacaban de los armarios las cajas que allí habían permanecido durante el año y todos juntos íbamos redescubriendo las figuritas de siempre: la lavandera, el molinero, el pescador, el temible Herodes y sus soldados, los siempre esperados Reyes Magos, los ensoñados ángeles... Y las ovejas. Y los corderos. Y las gallinas. Y los pavos...

Luego, sobre una puerta, que los mayores habían desprendido de sus goznes y apoyado en dos caballetes, íbamos componiendo un paisaje de arenas, de montes, llanuras y praderas. En él trazábamos caminos imposibles, flanqueados de campos, chozos, rediles y casas para, en lo más alto, situar el castillo.

Finalmente, con trozos de corcho y restos de escoria, disponíamos el Portal, siempre inestable y siempre dispuesto para que, llegada la medianoche del 24 de diciembre, todo se completara con las figuras que nosotros, hasta ese preciso momento, reservábamos en una caja especial, fuera de la cual nuestra madre, con su preciosa caligrafía, había escrito una palabra inolvidable, de resonancias evocadoras: *Misterio*.

Abrigados en el calor de aquellos recuerdos, hemos seguido avanzando por la cueva que, siendo pequeña, nos parece ya inmensa, tal vez porque lo en ella acontecido todo lo vuelve a escala monumental. Y fue al acercarnos a una de sus paredes cuando logramos escuchar el leve rumor de un mugido y el tenue sonar de un rebuzno. Sí, allí estaban ellos dos: la mula y el buey.

Y no ha tenido reparo.
Le dicen el Salvador.
Y no ha tenido reparo
de nacer en una cueva
y en una cuna de palo.
«Que el Niñito tiene frío
—le dice el buey a la mula—,
que el Niñito tiene frío».
Y le van a calentar
echándole sus vagidos.
"Pá" calentar al Niño
la mula gruñe
y el buey le responde,
muge que muge.

En un portalito oscuro,
entre la paja y el heno.
En un portalito oscuro
vino Jesús a nacer
entre una vaca y un mulo.
¿Una vaca y un mulo?
Me he "equivocao",
que era un buey y una mula
aquel "ganao".
Aquel "ganao", Niño,
aquel "ganao".
Que era un buey y una mula
¡¡¡Ya me he "acordado"!!!

Y fueron ellos mismos los que nos contaron el porqué de su presencia:

—*Algunos dicen que a ambos nos trajo José desde Nazaret. A mí, aunque no como mula, sino como burrita, para llevar a María sobre mi lomo. Y a él, el buey, por si necesitaba venderlo y tener así algo de dinero para hacer frente a su estancia en*

Belén. Otros cuentan que nosotros estamos aquí en cumplimiento de una antigua profecía. La que anunció Isaías, cuando dijo: «El buey conoce a su dueño, y el asno el pesebre de su señor» (Is 1, 3-4). Hay también quienes sostienen que yo represento al pueblo judío y él, a los gentiles...

Pero nosotros sabemos que, sobre todo, estamos aquí por voluntad expresa del Niño Jesús. Porque, del mismo modo que él quiso nacer en el más pobre de los lugares, también quiso rodearse de nosotros, los menos dignos de los animales.

—*¿Los menos dignos?* —preguntamos.

—*Sí. ¿Y saben ustedes por qué? Pues porque ambos somos estériles. En una sociedad donde la infecundidad siempre se consideraba un defecto, cuando no un mal e incluso un castigo, él y yo éramos despreciados. Por eso Jesús quiso que le acompañáramos. Para decirnos que, en prueba de su Amor, Él nos escogía. Que en su corazón siempre «los últimos serán los primeros» (Mt 20, 16).*

Y no solo nosotros fuimos enaltecidos, sino muchas de las criaturas más humildes.

Ahí tenéis, por ejemplo, el caso del gallo que llegó a la cueva y, con su canto, fue el primero en anunciar el Nacimiento del Niño. Por eso no puede faltar nunca un gallo en un belén. Como tampoco la paloma, que es señal de paz y prefiguración de ese Espíritu Santo, que vino a santificar el acontecimiento. ¿Nunca han oído ustedes ese villancico que dice?:

Que yo se lo digo a usted,
que esta familia es de cuatro.

La Virgen, José y el Niño.
¡Viva el Espíritu Santo!

Y ese es también el caso de la golondrina que suele
anidar en el portal de cualquier belén. La misma
que estuvo presente en la Anunciación a María. Que
acompañó a la Santa Pareja hasta Belén. Y que ahora
permanece junto a ellos aquí, pues es ave que siempre
simboliza lealtad y fidelidad, al tiempo que señal de
regreso, de Resurrección, pues, aunque desaparezca en
invierno, siempre vuelve en primavera.

Golondrina, golondrina
¿en dónde has puesto tu nido?
En el Portal de Belén,
junto a ese rosal florido.

Por no hablarles de la humilde paja, del heno sobre
el que María dispuso a Jesús en el pesebre que, de ser
simple alimento de animales, pasó a convertirse en
signo de redención y protección de todo mal.

Cuando el silencio tenía
todas las cosas del suelo,
y, coronada de hielo,
reinaba la noche fría,
en medio la monarquía
de tiniebla tan cruel,
caído se le ha un Clavel.
Caído se le ha un Clavel
hoy a la Aurora del seno.
¡Qué glorioso que está el heno
porque ha caído sobre él!
De un solo Clavel ceñida
la Virgen, Aurora bella,
al mundo se lo dio y ella
quedó cual antes florida.

A la púrpura caída
siempre fue el heno fiel.
Caído se le ha un Clavel.
El heno, pues que fue digno,
a pesar de tantas nieves,
de ver en sus brazos leves
este rosicler divino,
para su lecho fue lino,
oro para su dosel.
Caído se le ha un Clavel.
Caído se le ha un Clavel
hoy a la Aurora del seno.
¡Qué glorioso que está el heno
porque ha caído sobre él!
(Luis de Góngora. Poesía)

Y es que todo lo que Jesús abraza, toma otra dimensión. ¿O no lo creen ustedes así? Si quieren, les pongo más ejemplos. No tienen más que pedírmelo...

—Mula, por favor, no insistas, no seas tan testaruda —oímos la voz mansa del buey— ni entretengas más a estos señores, que los están esperando.

—¿Que nos están esperando? —decimos nosotros, perplejos.

—Sí, les están esperando. Jesús, María y José siempre lo están. Jamás dejan de invitar a nadie a su presencia, del mismo modo que nunca dejan de acoger a cualquiera que a ellos se aproxime. Porque eso es el Amor: querer sin exclusiones, sin distingos, sin prejuicios, sin reservas. Así que pasen, pasen.

Nada más escuchar estas palabras, vemos que la cueva se ilumina de nuevos resplandores. Y luego, sentimos la dulce caricia de una tibia brisa que nos envuelve y, levantando nuestros pies del suelo, nos va llevando con ella, suavemente nos va llevando, nos va llevando...

Hemos aprendido, ¡de una mula!, lecciones valiosísimas de humildad. Y quizá sean las más valiosas de este viaje, porque sin ellas es imposible entender la dimensión que se esconde en tan sencilla escena. La mula es tenaz, como solícito el buey, pero yo también lo soy en mi amor a Dios.

Ojalá entendiéramos siempre la importancia de la humildad. Ojalá fuéramos conscientes de que somos solo eso: criaturas a quienes Dios ha concedido la Gracia de llevarles en su corazón, como el burro que, sobre sus espaldas, condujo al templo a Jesús, entrando por la Puerta Dorada por la que sólo podía pasar el Mesías, bajando la tremenda cuesta de Betfagé, sin quejarse ni dar un solo resbalón, consciente de su privilegio.

«Aprende verdaderamente a ser humilde y no con falsedad como los hipócritas, que solo aparentan que se humillan. Si hoy estás sana, mañana podrás estar grave; si ahora eres sabia, quizás mañana puedas ser necia; si eres rica en virtudes, tal vez mañana puedas ser pobre y miserable»[1].

---

[1] S. Buenaventura. *De la vida perfecta II*, 1 y 6.

CON MARÍA, JOSÉ Y EL NIÑO

Es san José quien nos recibe, con su atuendo de colores característicos: el amarillo, por judío; el ocre o marrón, por carpintero; y el morado, como símbolo de su penar y contrición en el pasaje de la concepción de María. Apoya sus manos sobre la vara que confirma su condición de varón y de patriarca, en señal de su misión protectora: siempre con la izquierda por debajo de la derecha. Y calza sandalias de caminante, por no decir de peregrino, que todo su viaje lo ha sido en dirección al Templo que, precisamente ahora, y por la presencia del Hijo, transforma la humilde cueva en santuario.

Su rostro es radiante, al tiempo que sereno, y brilla en su mirada esa luz especial que solo concede la felicidad de quien sabe amar y se sabe amado.

—*María, Miriam, han venido a conocer a nuestro niño.*

Al escucharle, María se gira, nos mira y nos atrapa en el brillo de sus ojos inmensos como un océano, dulces como el mejor de los besos, acogedores como solo los de una madre saben ser. Luego nos sonríe, y en su cara se dibuja ese segmento de luna que, como signo de su femineidad y de su Gracia, tan a menudo la acompañará iconográficamente. Viste una túnica rojiza —color carne de encarnación—, por la que se asoman los pliegues de una camisa blanca como su pureza, y se cubre con un manto de tonalidad azul, que es también el azul de los cielos. Con él tapa hombros y espalda, plegándolo sobre sus brazos de idéntica forma a la que el protocolo medieval reservaba para reinas y emperatrices. Y, alzándolo a modo de velo, con él tapa su cabeza de modo singular. Porque, en contra de lo que establecía la antigua costumbre, según la cual las mujeres casadas debían ocultar completamente su cabellera frente a las solteras que la lucían libremente, en María todo se torna diferente: y es que ella es esposa, madre y, al mismo tiempo, Virgen. Y quiere hacérnoslo saber precisamente mostrándonos su cabello medio oculto, medio visible.

A la izquierda, que es la lateralidad del corazón, María permanece arrodillada ante el pesebre —altar y presunción de sepulcro— en el que reposa su pequeño, y une sus manos formando una figura, evocación del triángulo divino, del ojo de Dios. De esa geometría ritual que tantas civilizaciones asocian a lo elevado, a lo celestial, a lo sagrado. Unas manos que juntan sus dedos como quien reza y, al mismo tiempo, como quien implora, que no hay oración que no sea a la vez alabanza y súplica. Una oración que en ella es canto y es nana:

Pajarillo que cantas
en la laguna
no despiertes al Niño
que está en la cuna.
Ea la nana,
ea la nana.
Duérmete lucerito
de la mañana.

Este Niño chiquito
no tiene cuna.
Su padre es carpintero,
le va a hacer una.
Ea la nana,
Ea la nana,
Que la luna ya asoma
por la ventana.

¡Qué paz! ¡Qué sosiego! ¡Cuánto amor en cada nota!

A un gesto de María y de José, nosotros nos acercamos, para contemplar el cuerpo del más bello recién nacido. Sí. Aquí está Él, desprendiendo la luz que ningún otro astro podría igualar y que se hace fulgor en esos tres haces que brotan de su cabeza como las tres potencias trinitarias que le significan.

Duerme Jesús. Y el mundo parece aquietarse con Él en una paz infinita.

No podemos contenernos. Con cuidado de no alterar su sueño, nos atrevemos a descubrir sus piececitos, que asoman por debajo del rústico pañal que le cubre y que un día será también paño de pureza. Y, en cada uno de ellos, vamos depositando un beso...

Cuando nuestros labios han rozado apenas su piel inmaculada, el Niño abre sus ojos y nos mira. ¡Pero cómo nos mira! ¡En esas pupilas cabe todo el Universo!

Este Niño y Dios, Antón,
que en Belén tiembla y
*   suspira,*
con unos ojuelos mira
que penetra el corazón.
Este Niño celestial
tiene unos ojos tan bellos,
que se va el alma tras ellos
como a centro natural.
Ya es cordero y no es león,
y como dejó la ira,
con unos ojuelos mira
que penetra el corazón.
Antiguamente miraba
en nube, en monte y en fuego
y, en ofendiéndole, luego
del ofensor se vengaba;

mas después que vino, Antón,
donde como hombre suspira,
con unos ojuelos mira
que penetra el corazón.
No se dejaba mirar
envuelto en nubes y velos;
ahora en pajas y hielos
se deja ver y tocar.
Y como ve a los que son
* la causa por qué suspira,*
con unos ojuelos mira
que penetra el corazón.
(Félix Lope de Vega. Pastores
*   de Belén)*

Después, el Niño levanta su manita derecha y nos muestra extendidos dos de sus dedos. Es la señal de quien habla desde el silencio. La misma que vio María en el arcángel aquella mañana inolvidable de Nazaret. Pero, en Jesús, es también la indicación de su condición divina, de ser segunda persona de la Trinidad, y de su insólita dualidad, Dios y hombre, desde la que nos saluda y nos bendice.

Por último, el pequeño Jesús abre sus brazos, para mostrarnos así su acogida y solicitar igualmente la nuestra, al tiempo que la luz que desprende el candil que porta san José proyecta en la cueva el perfil premonitorio y trágico de la Cruz.

Al verla, una incontenible congoja nos oprime.

Pero Él ha debido de sentirlo, porque, en su Amor infinito, no desea dar jamás cabida a la tristeza. Y, como el mejor de los regalos, quizás como el primer gran milagro de su existencia, por nosotros comienza a sonreír. Una risa que es la risa del candor y la esperanza. La risa del amparo y del consuelo. La risa del perdón que con Él entra en el mundo.

Nunca hemos escuchado sonido más armonioso. Ni más dulce. Ni más revelador. Y ha debido ser su eco quien ha hecho posible un nuevo portento. Porque ahora la cueva se puebla de ángeles que entonan maravillados su Gloria. Y en una nube vaporosa llega el mismo Dios Padre, derramando mil y una estrellas sobre la roca, que se vuelve así de nácar y de perlas.

En la boca del Portal se abrazan el Sol y Luna. Se unen la noche y el día. Se funden el pasado, el presente y el futuro. Y a nuestros oídos llegan entonces, claro y preciso, el brioso relinchar de las monturas de los Magos, la tierna cadencia de sus lenguas lejanas, el jocoso cantar y danzar de los pastores, el júbilo de la Tierra... Y, cubriéndolo todo, la fuerza de un Amor incontenible que nos recoge y nos conforta, como la brisa que, hace apenas un instante, nos trajo ante Él y que ahora sentimos que nos empieza a envolver para tomarnos de nuevo y hacernos con ella definitivamente marchar, porque a Él ya llevamos.

Abandonamos el Portal. Y, en brazos de este aire que nos transporta, vemos cómo van quedando atrás la aldea, los campos, los montes, el río. Atrás el castillo. Atrás los pozos, puentes y fuentes. Y cerca, cada vez más cerca, el empinado sendero por el que mi compañero y yo llegamos al belén. El mismo que, como en aquel día inolvidable, se viste ahora de una bruma que es misterio y Misterio.

En él posamos nuestros pies y por él avanzamos nuevamente, sintiendo aún la caricia de quien hasta aquí nos ha traído que, con un último soplar, nos despide, invitándonos al retorno.

Volvemos a nuestros afanes. A nuestros trabajos y a nuestros días. Allá donde Él y cuando Él quiso que estuviéramos.

Para seguir deseando su presencia.

Para seguir anhelando su compañía.

Para cantar sus alabanzas.

Para llevar en lo más profundo de nuestros corazones, y ya para siempre, un permanente belén.

La noche se fue cuajando
poco a poco de luceros.
El mejor de los senderos
de estrellas se fue nevando.
Sin saber cómo ni cuándo,
todo el paisaje fue armiño.
El lucero más lampiño
daba brincos de alborozo.
Se hizo noche todo el gozo
y la noche se hizo Niño.
¡Pastores, no corráis tanto!,
que Belén va a estrenar su
	llanto.
Soñaba la blanca luna
y el sueño se le hizo Amor.
Qué divino resplandor
en la más humilde cuna.
La luna sentía
una desazón por su corpiño.
Todo su pecho cariño
se le fue haciendo al momento.

Se hizo noche el firmamento
y la noche se hizo Niño.
¡Pastores, no tan deprisa!
que Belén va a estrenar su risa.
Empezó a caer la nieve
y de Amor se derretía.
Era la Virgen María
de tanto nevarse, nieve.
Sintió que su carne leve
se le alzaba sobre el pie.
Tuvo, sin saber por qué,
un extraño escalofrío.
Toda la Virgen fue río,
todo gozo san José.
¡Pastores, aprisa!,
¡Pastores, llegad!,
que el llanto y la risa
son Divinidad.
(Francisco Llanos Borrell. *Tres
	décimas con letrilla al
	Nacimiento de Jesús*).

Tantas veces, tantos años delante del Portal, y solo hoy, por todo lo aprendido en este viaje, me parece diferente, sin ser distinto, único, sin ser dispar, nuevo sin dejar de ser conocido. Esa es otra cualidad de Dios, que siempre ofrece matices sorprendentes y revitalizadores. En Jesús nunca hay rutina. Ni tedio. Ni monotonía. En Jesús todo es permanente renovación.

«Y en Belén nace nuestro Dios: ¡Jesucristo! —No hay lugar en la posada: en un establo. —Y su Madre le envuelve en pañales y le recuesta en el pesebre. (*Lc* 2, 7) Frío. —Pobreza. —Soy un esclavito de José.

—¡Qué bueno es José! —Me trata como un padre a su hijo. —¡Hasta me perdona, si cojo en mis brazos al Niño y me quedo, horas y horas, diciéndole cosas dulces y encendidas!...

Y le beso —bésale tú—, y le bailo, y le canto, y le llamo Rey, Amor, mi Dios, mi Único, mi Todo!...»[1].

No puedo describir la paz que me produce estar aquí. Miro y me fijo en los detalles; la sonrisa de María, el orgulloso gesto de san José pendiente de todo, y la bondad de ese Niño que me mira y me sorprende, porque se ha fijado en mí, y me sonríe todo el rato. Ya no le percibo desde fuera, sino que le sé en la intimidad de mi ser. Jesús amigo. Jesús hermano. Jesús Hijo. Jesús Padre.

Anonadamiento en la Hostia Santísima: en el establo, en Nazaret y en la Eucaristía. Es una palabra que no escucho con frecuencia y que me viene ahora a la cabeza: anonadamiento. Hacerse nada. Volverse y ser modestia, abajamiento. Jesús ha querido nacer exactamente así. Sin alharacas, sin prebendas. Nada más. Y nada menos.

Ha nacido en un establo, en la carencia más absoluta, durmiendo recostado sobre las pajas de un pesebre. No tiene nada, ni una simple cuna, porque la que san José había preparado con todo su cariño la tuvo que dejar en Nazaret. Y es que poco se necesita para que nazca ese Niño. Como poco es necesario para amar. Porque así es Dios.

---

[1] San Josemaría, Santo Rosario. Tercer misterio, El Nacimiento de Jesús.

FINALIZA NUESTRO VIAJE: EL OCASO

Decimos en la plegaria eucarística tercera de la misa lo siguiente: *Santo eres en verdad Padre y con razón te alaban todas tus criaturas, ya que, por Jesucristo, tu Hijo, Señor nuestro, con la fuerza del Espíritu Santo, das vida y santificas todo, y congregas a tu pueblo sin cesar para que ofrezca en tu honor un sacrificio sin mancha desde donde sale el sol hasta el ocaso.*

La salida del sol es el comienzo de la vida. Así se inicia el día y con el ocaso termina. Es verdad que el giro del sol abarca el mundo entero, pero también marca el transcurso del tiempo. Espacio y tiempo unidos. Jesús comienza su vida en la tierra poco antes de que salga el sol en Belén, con una luz que, en forma de estrella que ilumina a los magos, que deslumbra a los pastores en mitad de la noche, y que se coloca sobre el Portal. Una luz que lo envuelve todo.

A esa luz, nos referimos en la Vigila Pascual, cuando el sacerdote, por tres veces, repite cantando la expresión *luz de Cristo,* y en esa tercera vez se encienden todas las luces del templo.

Esa misma luz es la que le pedimos al Niño Dios que nos conceda para volver a entender la Navidad como un auténtico icono de la Redención, a través del que vivir la vida de Cristo y aprender nosotros a ser Luz que ilumine el mundo. Hacer de nuestra vida un nuevo

Nacimiento de Cristo, para que, como dice san Pablo, Él viva en mí.

La escena del belén condensa de un modo asombroso la totalidad del mensaje de Cristo. Es universal y católica, porque abarca en el tiempo y en el espacio a quien libremente quiera penetrar en ella.

Exige un ejercicio de contemplación para ver todo lo que allí se significa.

Es oración profunda porque nos lleva a la más sublime intimidad divina.

Es memorial porque nos trae al presente de nuestra vida lo que allí ocurrió hace más de dos mil años, pero que sigue sucediendo cada día, porque en Belén no existe un tiempo que se devore a sí mismo.

El belén visualiza la Palabra de Dios, el Verbo hecho carne, porque la convierte en imagen que ayuda a entender el mensaje de salvación con el que Cristo redime al mundo.

Su carácter cultural, histórico, antropológico, etnográfico y simbólico —casi todas las civilizaciones lo han representado—, le da un dimensión absoluta y evangelizadora, aunque no todos puedan entender a un Dios que se hace Niño, que vive como un niño, y que se hace querer como un niño.

¿Te das cuenta de la trascendencia que encierra esta maravillosa representación? ¿No se significará en ella, aparentemente tan elemental, mucho más de lo que somos capaces de captar con una mirada fugaz y apresurada? ¿No estaremos confundiendo sencillez con simplicidad? ¿Y no será precisamente esa sencillez, esa llaneza del belén, la mejor muestra de que Dios quiere hacerse entender por todos los hombres, sea cual sea su condición o procedencia?

Ya no hacemos más preguntas. Queremos que tú también te adentres como lo hemos hecho nosotros en el gran arcano del belén. Con tus silencios y con los ojos del alma bien abiertos. Para poder vivir esta experiencia única y maravillosa, llena de motivos conmovedores, de sugerencias infinitas, de metáforas que nos llevan del más acá al Más Allá. Si así lo haces, descubrirás el belén que tal vez nunca habías visto. Y más aún: tendrás dentro de ti el belén que siempre te acompañará.

LO QUE HEMOS VISTO

Lo primero que no acabamos de comprender mi compañero y yo, porque no entra en nuestra pobre cabecita, es que sea el mismo Dios el que nace allí. Dios y hombre, el Mesías esperado, el Hijo de Dios encarnado en las entrañas purísimas de nuestra Madre Santa María, es el niño que está envuelto en pañales y en el cariño de todos los que le acompañamos: ¡el tuyo también!

Podría pensarse que la presencia de Dios en ese humilde lugar es un divertimento, un pasatiempo que entretiene a Dios. Uno de esos juegos suyos de los que nos habla la Escritura: *Jugando en todo tiempo, jugando por el orbe de la tierra* (Prov VIII, 30 y 31). Un juego que es alegría. Un juego que siempre es de amor, como el de cualquier padre con sus hijos. El que ha llevado a san Josemaría, y a todos los que hemos seguido su método, al juego divino de la entrega. Vemos su entrega y nos dan ganas de vivir la nuestra: la tuya y la mía.

Pero es mucho más. Dios se entretiene con nosotros, porque somos sus más queridas criaturas. Tanto, que nos da su vida y busca estar más cercano, asumiendo nuestra pobre naturaleza humana. Por ello, cuando lo veo en primera línea, en el cuerpo de este hermoso bebé, me quedo impresionado. ¡Qué fuerte! ¡Dios es ese niño!

Y Dios está indefenso, expuesto a los peligros, entre ellos al que más le duele, que es la indiferencia. Indefenso de los que le atacan, como ocurrirá a manos de Herodes y su gente. Indefenso ante los que no quieren que reine, como le dirán al final de su vida terrenal muchos de los que hoy contemplan y hacen carantoñas a ese pequeñajo. Indefenso de los que deberíamos quererle más y no lo hacemos.

Y ¿qué decir de la pobreza que envuelve este sitio, donde todo parece vulnerable? ¿No es Dios, el Omnipotente y Todopoderoso? ¿Por qué ha nacido apenas sin nada? ¿Qué querrá decirnos con eso? ¿No estará la riqueza en cosas muy distintas de los bienes materiales? La riqueza no es atesorar, sino capacidad de dar y compartir. Por eso en el belén todo es intercambio, comunicación, búsqueda. Si hasta los caminos, tantas veces tortuosos, se vuelven amplios y expeditos cuando llegan al Portal, cuando finalmente encuentran su destino en el Amor. Esa, y no otra, es la meta. La única en la que, por estar Él, a nosotros nos llena y nos complace. Otro mensaje que me llevo para el bolsillo de mi meditación personal.

«En Belén nadie se reserva nada. Allí no se oye hablar de mi honra, ni de mi tiempo, ni de mi trabajo, ni de mis ideas, ni de mis gustos, ni de mi dinero. Allí se coloca todo al servicio del grandioso juego de Dios con la humanidad, que es la Redención»[1].

---

[1] San Josemaría, *Carta 14-II-1974*, n. 2.

LO QUE NO VEMOS

Todo en el belén es un misterio. El Misterio que se esconde en ese acto de generosidad, suprema e insólita, por el que Él se avino a ser hombre. El Misterio del Amor inmenso que Dios siente por cada uno de nosotros, de por qué nos ama tanto. El Misterio que reposa en cada figura, en cada objeto, en cada escena, incitándonos, animándonos a desvelar su significado desde el corazón enamorado.

Jesús de Nazaret, desde su mismo anuncio y llegada, nos abre el camino para que, por él, solo con Amor verdadero y entregado, podamos transitar. Porque esa es la senda para el mejor de los encuentros, que lo es con Él y con nosotros mismos. Cuando, entregados, felizmente rendidos a su Palabra, a su ejemplo, no tengamos mayor afán que imitarle. Ese es el propósito que ha de guiar nuestro peregrinar hasta alcanzar el lugar de nuestro hallazgo definitivo, donde se nos concederá la plenitud del Amor, la dimensión definitiva de la Vida.

Entender, sentir, compartir cuanto en el belén se contiene nos abre la mejor de las rutas para arribar a Él. Como si en el principio estuvieran ya al completo el prólogo, la trama central y el epílogo de un relato que es enseñanza y alimento. Como si cuna y cruz formaran un todo indivisible, tan indivisible como el mensaje de Jesús. Y es lógico que sea así. Cuando uno es pequeño, en su persona se contienen todas las potencialidades de lo que va a ser de mayor. Todo lo que desarrollará después está contenido en el carácter, en el modo de ser, las incipientes virtudes y defectos que desarrollará a lo largo de su existencia. En la natividad de Dios está también la plenitud de su divinidad y su humanidad juntas, que nunca se pueden separar. Aunque Dios nos aparezca en un niño indefenso, es Dios, con toda su entidad, que manifiesta necesitar de nuestro cariño y nuestros cuidados.

Y ¿cómo se descubre todo esto? Con la contemplación sencilla de los ojos de un niño. Un niño se asombra por todo y aprende desde la admiración lo que no conoce. La mirada resabiada, desde la atalaya de la pretendida sabiduría humana y la experiencia, no aprende porque no quiere. Porque los párpados se abren, pero la mirada se cierra. La racionalidad fría incapacita al individuo para aprender desde el asombro. La soberbia intelectual ciega. En cambio, la admiración humilde de quien reconoce que no sabe, con deseo de aprender, es una puerta abierta al conocimiento, a la ciencia, al Saber con mayúscula. Y a Dios.

La aparente improvisación de los acontecimientos que se suceden en esa otra noche santa tiene poco de casual. Todo adquiere un por qué, y todo ocurre por algo. Cada detalle nos habla y nos enseña, si con humildad queremos aprender. Porque todo en el belén obedece a un plan establecido, como cada una de las acciones de Dios, por incomprensibles o inescrutables que a veces pudieran parecernos. ¿Qué hace aquí, tal o cual figurita, tal o cual personaje? ¿Qué aporta este o aquel objeto? ¿Por qué esta secuencia, por qué esta escena, por qué este sucedido?

Es maravilloso saber que en el belén hay un hilo conductor que lo guía. Que todo obedece a un conjunto no disgregable, en el que la vida se hace siempre comunidad y el eco, coral. Eso es a la postre un belén: la expresión de una misión compartida, plural, enriquecida con multitud de matices, de colores, de tonos. Un inmenso mosaico tantas veces inexplorado, pero portador de significados tan reveladores como los que anidan en el hecho fundamental que recoge el belén y al que responde. Por eso, si alguna vez, siquiera por un fugaz momento, hacéis desaparecer del belén la figura del Divino Infante, todo en él se sume en un vacío insondable, en una doliente orfandad. Porque Él, el pequeño Jesús recién nacido, es la piedra angular, sin la que no hay arquitectura posible. El corazón que bombea la linfa de la Vida. El que une voluntades, deseos, ilusiones y esperanzas. Quien dota al belén de toda su potencia emblemática. Quien lo convierte en permanente coloquio, en oración.

Por ello rezar ante el belén, como lo hemos hecho nosotros en este viaje, es abrir nuestros oídos a su particular soledad sonora. Acoger en el alma su caudal. Dejarnos empapar por sus aguas salvadoras. Y enriquecer nuestra vida, porque así lo ha querido Dios, que no repara en hacerse rodear de multitud de aspectos y detalles insignificantes con que describir la escena de su nacimiento en la Tierra. Algo querrá transmitirnos con ello. Mucho querrá que aprendamos cuando con tanto cariño nos lo cuenta.

La salvación del género humano, que ya se iniciara con la Encarnación, se manifiesta plenamente con el Nacimiento de Jesús. Por ello son casi interminables los signos y mensajes que nos desliza Dios en estos momentos trascendentales. Y, al igual que Él lo hace siempre, su ofrecimiento no es imposición, sino propuesta poblada de señales, muchas veces casi insignificantes, pequeños hitos que van jalonando el camino que nos lleva hasta él y que habremos de saber identificar e interpretar.

Porque el belén, al ser de Él, lo es también de cada uno de nosotros.

VÍA NATALIS

Añadimos a estas páginas una propuesta de devoción al belén: un *Vía Natalis*. Lo componen 14 estaciones en torno al Nacimiento de Jesús, como catorce son los días que median del 24 de diciembre al 6 de enero. De este modo, cada jornada del ciclo navideño podrás dedicar un momento de oración y reflexión en torno al belén que físicamente te acompañe o al que tú libremente imagines. O transitar por la propuesta que contigo compartimos del modo que libremente elijas.

Cada una de las estaciones del *Vía Natalis* se centra en un pasaje concreto del ciclo del Nacimiento e Infancia de Jesús y se inicia con el texto evangélico correspondiente, seguido de un breve comentario. Finalmente aportamos un poema o un villancico para ser recitado o cantado. En este último caso adjuntamos un código QR donde poder escuchar su versión musicada.

INTRODUCCIÓN

Nos ponemos delante del belén,
para recorrer paso a paso
todas las escenas de tu Nacimiento, Jesús mío.
Queremos aprender todo lo que Tú has querido contarnos
en cada uno de esos momentos,
y cantarte nuestros deseos de vivir tu vida en nosotros.

San José y tu Madre Santa María nos acompañan en este viaje,
y a ellos les pedimos que nos ayuden
a tener los ojos bien abiertos
para grabar en el alma todo lo que nos enseñas.

Al enunciar cada estación se dice:

V/ Al Niño Jesús que nació en Belén
R/ venimos a adorar nosotros también.

I ESTACIÓN: MARÍA Y JOSÉ CELEBRAN LOS ESPONSALES

Su madre María estaba desposada con José (Mt 1,18).

José tuvo por esposa a la mujer que eligió Dios para ser su Madre. ¡Qué inmensamente afortunado fue José!

La fiesta de los desposorios, prolongada durante varios días, como era costumbre, fue de gran alegría para las dos familias y muy especialmente para los nuevos esposos. Podemos imaginar la ilusión de María y de José, sus deseos de formar una familia en el futuro... Unos planes que Dios cambió, irrumpiendo en sus vidas con el gran acontecimiento, que superaba con mucho sus expectativas, transformando la Historia ya para siempre: el nacimiento del Hijo de Dios hecho hombre.

Todo en Jesús empieza y termina con un acto de amor. ¿Qué puedes hacer tú hoy —y siempre— para que tu amor por Él siga creciendo?

En el cielo se alquilan balcones
para un casamiento que se va
a hacer.
Que se casa la Virgen María
con el patriarca señor san José.

Qué buena es María,
qué bueno, José:
los mejores padres
que aquí, en esta Tierra,
Jesús va a tener.

YouTube

Spotify

II ESTACIÓN: EL ÁNGEL ANUNCIA A MARÍA QUE VA A SER MADRE DE DIOS

En el sexto mes fue enviado el ángel Gabriel de parte de Dios a una ciudad de Galilea llamada Nazaret, a una virgen desposada con un varón que se llamaba José, de la casa de David. La virgen se llamaba María.

Y entró donde ella estaba y le dijo:

—Dios te salve, llena de gracia, el Señor es contigo.

Ella se turbó al oír estas palabras, y consideraba qué podía significar este saludo.

Y el ángel le dijo:

—No temas, María, porque has hallado gracia delante de Dios: concebirás en tu seno y darás a luz un hijo, y le pondrás por nombre Jesús. Será grande y será llamado Hijo del Altísimo; el Señor Dios le dará el trono de David, su padre, reinará eternamente sobre la casa de Jacob y su Reino no tendrá fin (Lc 1, 26-33).

«Dios te salve María». Cuando, recogida en oración, se presenta el arcángel san Gabriel ante María con ese saludo, nuestra Madre se ruborizó, pensando que no era merecedora de semejante piropo. Y, a su inicial sorpresa, se sumó un hálito de zozobra. Pero pronto María se llenó de esa paz que solo mana del Altísimo,

al escuchar las tranquilizadoras palabras del enviado de Dios, que le anunciaba el mensaje: ella, la joven y humilde María, ¡iba a ser la Madre del Mesías, la Madre de Dios!

Esa misma María, siempre amor y compañía, será también nuestra Madre. Jesús en la Cruz nos hizo ese regalo. ¡Qué grandeza la de Jesús y qué inmensa su generosidad para con todos nosotros...!

Jesús se anuncia a cada momento en nuestras vidas. ¿Estás abierto a recibir su mensaje, como hizo María?

Estando la Virgen María
sola en su aposento,
haciendo oración,
por la puerta
se le ha entrado un ángel
vestido de blanco
como un claro sol.
Y la saludó, y la saludó
porque Reina del Cielo y la Tierra
y Madre de Cristo nos la quiso Dios.
«Dios te salve —le dice Gabriel—
llena eres de gracia, contigo el Señor.
Porque el hijo que en tu seno tengas
habrás de llamarle Jesús Salvador».
Y ella le escuchó y ella le escuchó.
Y le dijo: «Yo soy vuestra esclava,
hágase conmigo lo que quiera Dios».

YouTube

Spotify

III ESTACIÓN: MARÍA VISITA A SU PRIMA ISABEL

Y ahí tienes a Isabel, tu pariente, que en su ancianidad ha concebido también un hijo, y la que llamaban estéril está ya en el sexto mes, porque para Dios no hay nada imposible (...).

Por aquellos días, María se levantó y marchó deprisa a la montaña, a una ciudad de Judá; y entró en casa de Zacarías y saludó a Isabel. Y cuando oyó Isabel el saludo de María, el niño saltó en su seno, e Isabel quedó llena del Espíritu Santo; y exclamando en voz alta, dijo:

—Bendita tú entre las mujeres y bendito es el fruto de tu vientre. ¿De dónde a mí tanto bien, que venga la madre de mi Señor a visitarme? Pues en cuanto llegó tu saludo a mis oídos, el niño saltó de gozo en mi seno; y bienaventurada tú, que has creído, porque se cumplirán las cosas que se te han dicho de parte del Señor (...).

María permaneció con ella unos tres meses, y se volvió a su casa (Lc 1, 36-56).

Le basta una sugerencia del Ángel para ponerse en camino. María sube hasta la montaña, al sur de Jerusalén, para ayudar a su prima, que, siendo ya casi anciana, va a tener su primer hijo. Hace un viaje largo a pesar de su estado, pues ya está encinta, con la única intención de auxiliar a quien pudiera necesitar de su presencia. Y María no hace cálculos, sino que se dispone a servir... ¡Con lo que a mí me cuesta! Pero esa es la clave: solo sirve de verdad quien tiene capacidad y voluntad de servir.

Si alguien me necesita, yo también me pongo en camino. ¿A quién podrías hoy auxiliar?

La Virgen va de visita,
que su prima un niño espera.
Las riendas de la burrita
dos angelitos la llevan.
—Señora Santa Isabel,
estrena una saya nueva,
que a tu casa se dirige
esta Virgen nazarena.
Te viene a ver
porque el ángel le ha dicho
que, en tu vejez,
por fin madre has de ser.
Un gran prodigio verás
al abrazarse las dos.
Sintiendo de rebrincar
al que será precursor.
Desde el seno de Isabel,
Juan saludaba al Mesías,

que, como anunció Gabriel,
ya se encarnaba en María.
Niño San Juan,
antes de haber nacido.
Niño son Juan,
gran profeta serás.
—De lo que en el vientre llevas
este brinco es profecía.
Bendita, bendita seas,
bendita, prima María.
Cante mi voz al Señor,
gloria a su inmenso poder,
que, de una humilde mujer,
hizo la madre de Dios.
Serás feliz
porque, entre las mujeres,
tan solo a ti
Dios te vino a elegir.

YouTube

Spotify

IV ESTACIÓN:
EL SUEÑO DE JOSÉ

"José, su esposo, como era justo y no quería exponerla a infamia, pensó repudiarla en secreto. Consideraba él estas cosas, cuando un ángel del Señor se le apareció en sueños y le dijo:

—José, hijo de David, no temas recibir a María, tu esposa, porque lo que en ella ha sido concebido es obra del Espíritu Santo. Dará a luz un hijo y le pondrás por nombre Jesús, porque él salvará a su pueblo de sus pecados.

Todo esto sucedió para que se cumpliera lo que dijo el Señor por medio del Profeta:

"Mirad, la virgen concebirá y dará a luz un hijo, a quien pondrán por nombre Emmanuel, que significa Dios—con—nosotros".

Al despertarse, José hizo lo que el ángel del Señor le había ordenado, y recibió a su esposa. Y, sin que la hubiera conocido, dio ella a luz un hijo; y le puso por nombre Jesús". Mateo 1,18-25

A veces me pasa lo mismo que le sucedió al propio José: no veo con claridad lo que quiere Dios de mí. No soy capaz de entender lo que me solicita. Todo en mi interior parece confuso, hasta que llego a entender que precisamente esa misma inseguridad mía forma parte de la entrega que Dios me pide. Si desde el principio hubiera tenido todo más claro, me habría sido más fácil responder a su llamada. Pero también mi respuesta sería menos libre y demostraría menos amor que el que pongo por entregarle también mis dudas, mi humilde incertidumbre.

Desconfiar de todos y de todo. Ese parece ser el lema de nuestros tiempos. Y, sin embargo, ¿no es maravilloso saber que en Él siempre podemos confiar?

Solo en el sueño José,
cuando ya clareaba el día,
pudo saber el misterio
del concebir de María.
Con lágrimas en los ojos,
entra feliz a la casa.

En ella encuentra a su esposa
y con cariño la abraza.
—María, que Dios te quiso
como su madre en la Tierra,
¿dejarás que yo te cuide
que te ame y te proteja?

YouTube

Spotify

V ESTACIÓN:
EL VIAJE A BELÉN

José, como era de la casa y familia de David, subió desde Nazaret, ciudad de Galilea, a la ciudad de David llamada Belén, en Judea, para empadronarse con María, su esposa, que estaba encinta. (Lc 2, 4-5)

No fue un viaje fácil. Pero el edicto así lo exigía y había que ir a Belén, pues José era de la casa de David, el gran rey de Israel que siglos atrás allí había nacido. De ese modo, además, se cumplía la profecía: «*Y tú, Belén de Efratá, aunque eres la más pequeña entre las ciudades de Judá, de ti me saldrá el que ha de ser gobernante en Israel*» (*Miqueas* 5, 2). Todo se aviene, todo adquiere sentido. Dios nunca nos falla ni da pasos en vano.

A la Sagrada Pareja no le importó la incomodidad del viaje, ni los peligros que podrían acecharles, ni la incertidumbre que les embarga. En ellos nunca se escucha el más mínimo reproche, el menor comentario de queja; aceptan lo que Dios quiere, aunque sea tan distinto de lo que habían planeado. ¡Menuda lección! ¡Qué gran ejemplo el suyo!

En camino también vamos nosotros. ¿Y cuál crees que ha sido hoy tu punto de destino al que llegar sin quejarnos?

Hacia Belén caminaba
señora Virgen María.
Y el bueno de san José
marchaba en su compañía.
Jornadita de Belén,
con gusto te abrigaría
que va cayendo la nieve
y está la noche muy fría.

—Aprisa, señor José,
tire de la borriquilla
que ha de nacer en Belén
la más grande maravilla.
Iban solitos los dos.
ninguno se entretenía,
hablando cosas de Dios
pasan la noche y el día.

YouTube

Spotify

VI ESTACIÓN:
EL EMPADRONAMIENTO

Y sucedió que por aquellos días se promulgó un edicto de César Augusto, para que se empadronase todo el mundo. Este primer censo fue hecho siendo Quirino gobernador de Siria. Y todos fueron a inscribirse, cada uno a su ciudad. (Lc 2, 1-3).

Obedecen la ley y cumplen con sus obligaciones. *Al César lo que es del César y a Dios lo que es de Dios.*

María y José, sabiendo de su excepción, no se consideran excepcionales. Antes bien, se diluyen en la pequeña caravana que marcha hacia Belén, sin manifestar a nadie la experiencia que les distingue y eleva. Ambos han entendido que la humildad es la ruta que lleva directamente a Dios. Que de nada sirven pompas ni vanaglorias. ¡Qué distintos a mí, cuando tantas veces me creo con derecho a que los demás reconozcan mi valía, mi posición, mi ejemplaridad y alaben mi prestigio! Vanidad de vanidades.

Nuestra mayor grandeza es sabernos hijos de Dios. ¿Qué puedes hacer tú hoy por Él, por ese Padre que tan intensamente nos quiere?

De orden del César romano
se manda a "tós" los judíos
que, sin perder un instante,
se pongan pronto en camino
y vayan a la ciudad
de donde fuesen vecinos
a empadronar sus familias,
sus haciendas y sus hijos.
Y escriban allí sus nombres,
sus nombres y sus apellidos
sin mentir en cosa alguna
bajo pena de castigo.
Que lo manda el rey de Roma
y en su nombre yo lo digo.

YouTube

Spotify

VII ESTACIÓN:
NO ENCUENTRAN POSADA

.... no había lugar para ellos en la posada (Lc 2, 7).

Cuando veo a gente que no tiene hogar y duerme en la calle, al raso, me acuerdo de Ti, mi Jesús. Tú también buscas posada en mi corazón y con frecuencia no la encuentras. ¡Sí! ¡Cuántas veces, pobre de mí, rechazo que quieras alojarte en mi alma! El pecado, la indiferencia, la frialdad y el olvido no te acogen en mi vida. Y yo, ignorándote, sigo con mis rutinas, a veces perdido por no abrazarte, por no entregarme a Ti, por no expulsar de mi interior cuanto te incomoda. Por no ofrecerte esos gestos de delicadeza y amor que Tú tanto echas en falta.

Acoger, cobijar, hacer nuestro al otro. ¿Sigues manteniendo siempre abierto el hogar de tu corazón para que en él habite el desamparado, el desvalido, el que es diferente?

—*De larga jornada*
rendidos llegamos,
y asilo imploramos
para descansar.
—*¿Quién a nuestras puertas,*
en noche inclemente,
se acerca imprudente
para molestar?

—*Pobres peregrinos*
que en extraño suelo
andan sin consuelo
buscando un hogar.
Por piedad pedimos
nos deis un abrigo
que el Cielo es testigo
de nuestro penar.

—*No hay aquí siquiera*
un lugar vacío,
que inmenso gentío,
lo vino a ocupar.

—*Sea el Señor, bendito*
en nuestra amargura,
y mejor ventura
se sirva a mandar.

YouTube

Spotify

VIII ESTACIÓN: JESÚS NACE EN BELÉN

Y sucedió que, estando allí, se cumplieron los días de su parto y dio a luz a su hijo primogénito (Lc 2, 6).

La Natividad de Jesús es el regalo más grande que podemos recibir. Dios se hace hombre para estar entre nosotros. ¡Si nos diéramos cuenta de que todo cambia cuando Él nace ...! Ese misterio escondido, ¡el Misterio!, lo podemos descubrir en cada rincón del belén. En la ternura y generosidad de unos padres que comparten con nosotros al Recién Nacido, en el eco de las viejas canciones que, por Él, vuelven a ser nuevas, en el Amor y la Alegría que todo lo impregna, como esa lluvia mansa que, después de una larga sequía, llega a la tierra sedienta de mi alma, para que en ella brote la Vida verdadera. Humildad, pobreza, sencillez.

Jesús nace. Y nosotros somos su cuna y su pesebre. ¿De qué te gustaría que se compusiera el pañal con el que amorosamente envolverle?

—No te apures, dulce esposo
—dice la Virgen María—,
que, si otra cosa no hallamos,
aquel Portal bastaría.
Un pesebre han encontrado
donde dos bestias había.
La Virgen, como es tan buena,

al carpintero le decía:
—Acuéstate, buen marido,
antes que amanezca el día,
que, si llegase la hora,
yo misma te avisaría.
A eso de la medianoche,
sintió que un niño gemía.
Despertóse el patriarca
con temblores de alegría.
—¿Por qué no me has avisado,
esposa, esposa María,
que ha nacido el rey del mundo
mientras que el mundo dormía.

YouTube   Spotify

IX ESTACIÓN:
LOS PASTORES ANUNCIAN EL NACIMIENTO DE JESÚS

Por aquellos contornos había unos pastores que pernoctaban al raso y velaban por sus rebaños. Un ángel del Señor se les apareció, y la Gloria del Señor los rodeó de luz y ellos se llenaron de un gran temor.

El ángel les dijo: «No temáis. Mirad que os anuncio una gran alegría que lo será para todo el pueblo. Hoy os ha nacido un Salvador, que es el Cristo Señor, en la ciudad de David. Y esto os servirá de señal: encontraréis a un niño envuelto en pañales y reclinado en un pesebre». Al instante apareció junto al ángel una multitud del ejército celestial que alababa a Dios diciendo: «Gloria a Dios en el cielo y en la tierra paz a los hombres que ama el Señor» (Lc 2, 8-14).

Y menos mal que los pastores se hacen eco de ese anuncio y se lo fueron contado a todos, porque, si no, tal vez ni tú ni yo nos hubiésemos enterado. ¡Qué elección más acertada la de ellos porque, para creer, para entender el mensaje que recibieron, no necesitaron de grandes especulaciones, de intrincados florilegios de razón! Les bastó con tener un corazón limpio y agradecido, capaz de mostrar la emoción por lo sencillo, por lo cercano, por lo natural que siempre es puerta y ventana de lo sobrenatural. Como los lirios del campo...

Paz, paz, paz ... Paz en ti, paz en tu familia. Paz en tu comunidad, en tu trabajo. ¿Qué puedes hacer hoy tú para que la Paz de Jesús reine en todos los corazones?

Por valles y por montañas yo
caminando he llegado a Belén.
Me despertó el lucerito aquel
y, anda que andarás,
me trajo tras él.
—Ven detrás de mí y feliz serás
—me dijo su voz, que era celestial—.
Ven detrás de mí y feliz serás
porque al rey de los cielos tú verás.

Saca del "cofré"
la "panderetá"
y dale "fuerté"
que es "Nochebuená".
Que es "Nochebuená",
saca del cofré
la panderetá
y dale "fuerté".

Las telas que te he traído aquí
con vellones de lana yo tejí.
Porque tienes que abrigarte bien
que el invierno viene frío y cruel.
Ante ti, Jesús, me quiero postrar
porque sé que es tu cuna un altar.
Niño Jesús, me perdonarás
porque yo no sé "entoavía" rezar.

Saca del "cofré"
la "panderetá"
y dale "fuerté"
que es "Nochebuená".
Que es "Nochebuená",

saca del "cofré"
la "panderetá"
y dale "fuerté".

YouTube

Spotify

X ESTACIÓN:
RECIBEN LA VISITA
DE LOS REYES MAGOS

Ellos, después de oír al rey, se pusieron en marcha. Y entonces, la estrella que habían visto en el Oriente se colocó delante de ellos, hasta pararse sobre el sitio donde estaba el niño.

Al ver la estrella se llenaron de inmensa alegría (Mt 2, 9-10).

Los Reyes Magos vienen de muy lejos y los guía una estrella que les indica el camino, como a nosotros la vocación que nos lleva a Jesús. Dios nos va llevando, para decirnos por dónde debe ir el curso de nuestras vidas. Si hacemos lo que nos propone, que no nos lo impone, seremos tan felices como lo fueron los tres Sabios de Oriente, pues, también como ellos, podremos finalmente encontrar a Jesús en el Portal de nuestra alma. Para que allí permanezca siempre.

Jesús es siempre Luz, porque es camino, verdad y vida. ¿Cómo puedes tú ser también sembrador de luz entre los que te rodean?

¡Arre, caballo,
viva ese Niño,
rosa de mayo!
¡Arre!
¡Trota, camello,
viva la Virgen
de rostro bello!
¡Arre!

Anda caravana aprisa
que Belén ya se divisa.
Corre, corre,
galopa, vuela,
picando espuelas
a tu corcel.

Tres personajes
y en su cortejo
noventa pajes
¡Dale!
Crines de oro,
frenos de plata

jinete moro
¡Anda!
Barbas de santo,
túnica larga,
jinete blanco
¡Vamos!
Rostro felino,
bridas de seda,
jinete chino
¡Vino!
¡Magos de la buena estrella,
adorad a la más bella!
Regia tropa
caravanera,
¡ay, quién pudiera
contigo ir!

¡Arre, caballo,
viva ese Niño,
rosa de mayo!
¡Arre!

YouTube

Spotify

XI ESTACIÓN:
Y ADORARON AL NIÑO DIOS

Y entrando en la casa, vieron al niño con María, su madre, y postrándose le adoraron; luego, abrieron sus cofres y le ofrecieron presentes: oro, incienso y mirra (Mt. 2, 11).

La adoración es sumisión humilde y agradecida ante el aprecio de lo que se nos ofrece. Dios que se hace hombre es lo más grandioso que se nos pueda entregar. Y Él se ha querido mostrar a todos, sin distinción alguna. No hay mayor generosidad que la suya, ante la que nosotros solo podemos corresponder ofreciéndole el oro de nuestra voluntad, la mirra de nuestra entrega y el incienso de nuestra Fe en Él.

Regalos para el Niño. ¿Cuál sería el oro que tú le llevarías? ¿Y cuál el incienso? ¿Y cuál la mirra?

*En el Portal
los tres están.
¡Cuánta riqueza,
cuánta nobleza,
qué majestad!*

*De Persia viene a caballo
y es sabio en astrología.
Su nombre, Melchor el mago,*

*y va a adorar al Mesías,
aunque son muchos sus años.*

*El príncipe de Caldea
con un tropel de camellos
lleva el rumbo de Judea,
atado a un astro de fuego:
Gaspar su testigo sea.
Arabia dio a Baltasar*

color de noche morena.
Sobre su jaca agarena,
la estrella siguiendo va,
señor de vientos y arenas.

En el Portal
los tres están.
¡Cuánta riqueza,
cuánta nobleza,
qué majestad!

YouTube

Spotify

XII ESTACIÓN:
HERODES MATA A LOS NIÑOS INOCENTES

Entonces, Herodes, al ver que los Magos le habían engañado, se irritó mucho y mandó matar a todos los niños que había en Belén y toda su comarca, de dos años para abajo, con arreglo al tiempo que cuidadosamente había averiguado de los Magos.

Se cumplió entonces lo dicho por medio del profeta Jeremías:
«Una voz se oyó en Ramá,
llanto y lamento grande:
es Raquel que llora por sus hijos,
y no admite consuelo, porque ya no existen»
        (Mt 2, 16-18).

¡Qué culpa tienen esos pobres niños, víctimas de todo tipo de violencia! ¡Y qué la de quienes mueren sin ni siquiera ver la luz! Esas criaturas son un tesoro que tengo que salvar y cuidar. No me puedo conformar ni coexistir con la cultura de la muerte. Tengo que celebrar la vida, defenderla y dotarla de su sentido de trascendencia, para que de este modo cada una de mis obras sean eco de eternidad. Dame profundidad en mi pensamiento, trascendencia en mis palabras y sentido de urgencia en mi actuar.

La muerte de infantes inocentes. ¿Cómo puedes tú ayudar a propagar la cultura de la vida y desterrar la de la muerte?

Amapolas de Belén
hoy de sangre se han teñido
porque Herodes, el cruel,
ha degollado a mi niño.

—Soldadito, soldadito,
no le quite usted la vida,
que es un pobre huerfanito
de una mujer que fue mía.

YouTube

Spotify

XIII ESTACIÓN: HUIDA A EGIPTO

Un ángel del Señor se le apareció en sueños a José y le dijo:

—Levántate, toma al niño y a su madre, huye a Egipto y quédate allí hasta que yo te diga, porque Herodes va a buscar al niño para matarlo.

Él se levantó, tomó de noche al niño y a su madre y huyó a Egipto (Mt 2, 13-14).

Jesús, María y José supieron también lo que es el miedo, la ansiedad que atenazaba sus corazones, la angustia por librarse de la amenaza que se cernía sobre su Hijo. Tuvieron que olvidar su hogar y marchar con rumbo incierto, caminando en la noche, ocultándose en el día, tratando de llegar a un país extranjero, donde a nadie conocían. Pero, una vez más, ni un lamento. Ni un solo por qué. Solo aceptación, solo cumplimiento, solo gratitud y el deseo de que ese Niño pudiera instaurar su Reino de amor entre los hombres.

¡Qué grandeza la de aceptar la misión que Dios te encarga! ¿Y cuál te solicita hoy a ti?

Por el desierto,
huyendo del tirano,
sin rumbo cierto,
una familia santa
marcha al destierro.
Leones fieros,

a sus pies se acurrucan
como corderos.
¡Qué maravilla,
dar ejemplo a los hombres
fieras sencillas!

YouTube

Spotify

XIV ESTACIÓN:
EL RETORNO A NAZARET

Muerto Herodes, un ángel del Señor se le apareció en sueños a José en Egipto y le dijo:

—Levántate, toma al niño y a su madre y vete a la tierra de Israel; porque han muerto ya los que atentaban contra la vida del niño.

Se levantó, tomó al niño y a su madre y vino a la tierra de Israel. Pero, al oír que Arquelao reinaba en Judea en lugar de su padre Herodes, temió ir allá; y avisado en sueños marchó a la región de Galilea. Y se fue a vivir a una ciudad llamada Nazaret, para que se cumpliera lo dicho por medio de los Profetas: Será llamado nazareno (Mt 2, 19-23).

Jesús está siempre a nuestro lado. Al regreso de Egipto, como al retorno de su muerte en la Cruz. Esa presencia suya continua, esa compañía siempre dispuesta a acompañar nuestro caminar, hacen de Él el mayor de los dones que podemos ambicionar y recibir. En nuestro día a día, en nuestro hogar, en la empresa o en el taller, como aquel de Nazaret donde el pequeño se hará adolescente y joven, preparándose para, en su adultez, hacer pública su Misión Redentora.

Sí. Jesús regresa para decirnos que jamás nos abandonará, que siempre tendrá abiertas para nosotros las puertas de su casa, que nunca dejaremos de ser invitados a su ágape de Amor, de Verdad y de Salvación.

Jesús inseparable, Jesús acompañante continuo, Jesús siempre fiable. ¿Cómo respondes tú hoy a su permanente disposición?

La Virgen amasa el pan,
José cepilla el madero,
y el Niño barre que barre,
muy juntito al carpintero.
La gente que los veía
murmuraba por lo bajo:
—Aquí no se libra "naide"
de vivir de su trabajo.

Yo se lo aseguro a usted,

que esta familia es de cuatro.
Jesús, la Virgen, José...
¡Viva el Espíritu Santo!

En el taller de José
hay cola "pa" mucho rato
porque el señor patriarca
"tó" lo cobra muy barato.

Yo se lo aseguro a usted...

YouTube

Spotify

ORACIÓN FINAL

*Gracias, Jesús, por haberme dado a conocer
con tanto detalle tu Nacimiento en Belén.
Ayúdame a grabarlo en mi corazón
y a vivir todo lo que me enseñas.
Te pido que sepa ayudar a descubrir a todos
que el Mundo ha cambiado
porque Tú has querido nacer en él,
y aprenda a vivir con esa misma generosidad y alegría.
Por Jesús Niño que nace en Belén
y vive y reina, por los siglos de los siglos. Amén.*

ÍNDICE POR ORDEN ALFABÉTICO DE CLAVES SIMBÓLICAS

ESTE LIBRO, PUBLICADO POR
EDICIONES RIALP, S. A.,
MANUEL URIBE 13-15, 28033 MADRID,
SE TERMINÓ DE IMPRIMIR EN
ANZOS, S. L. FUENLABRADA (MADRID),
EL DÍA 10 DE OCTUBRE DE 2024.